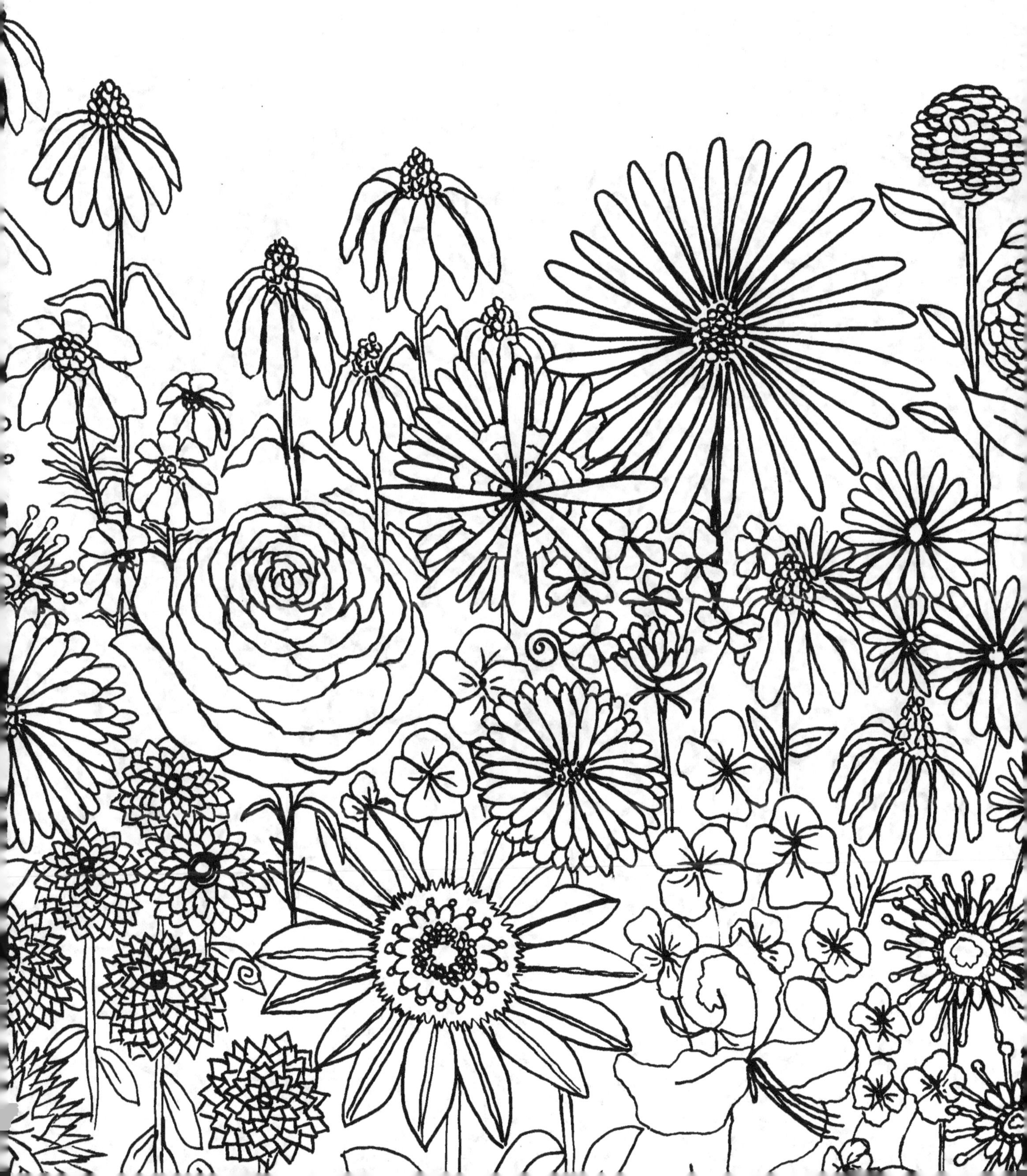

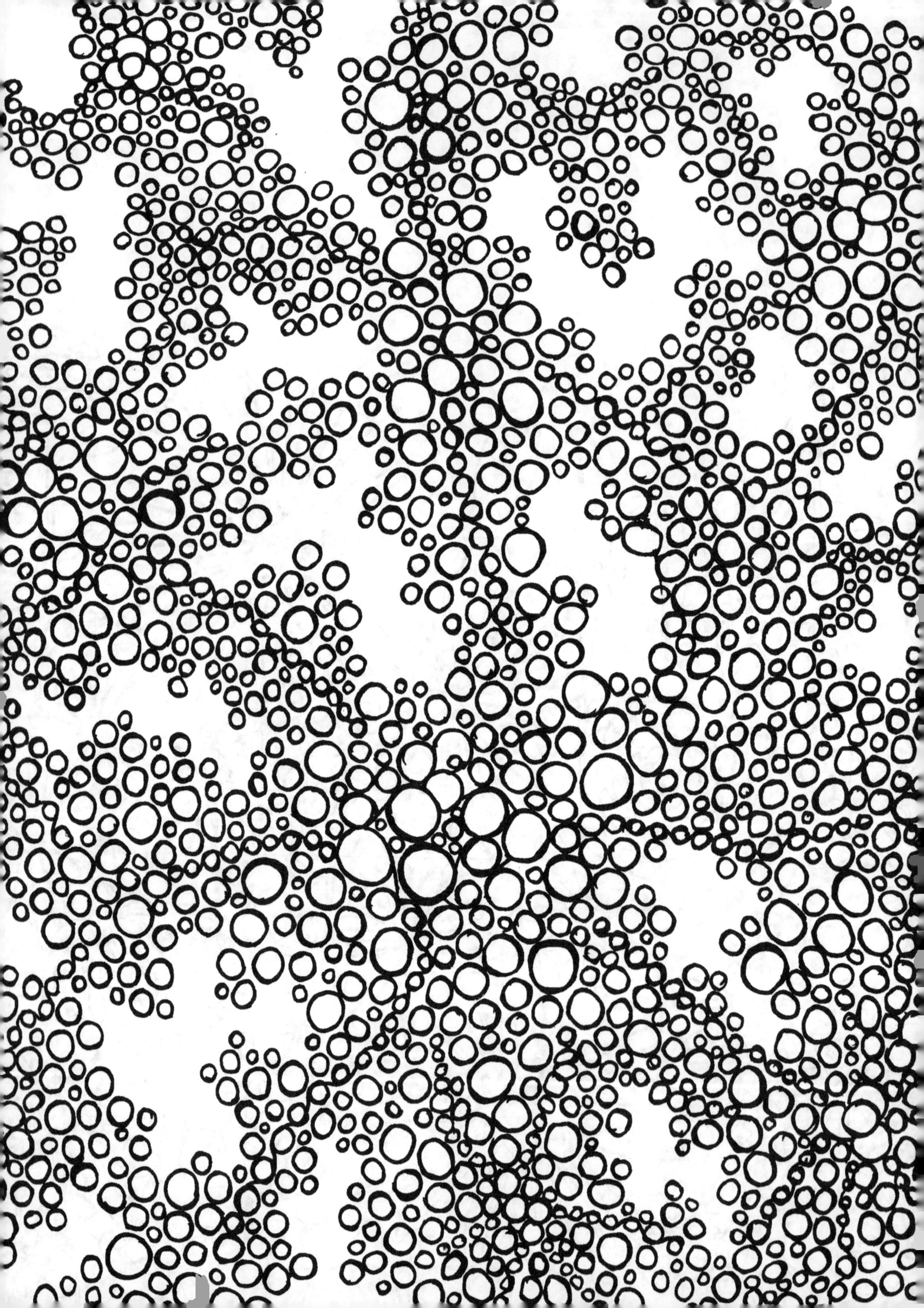

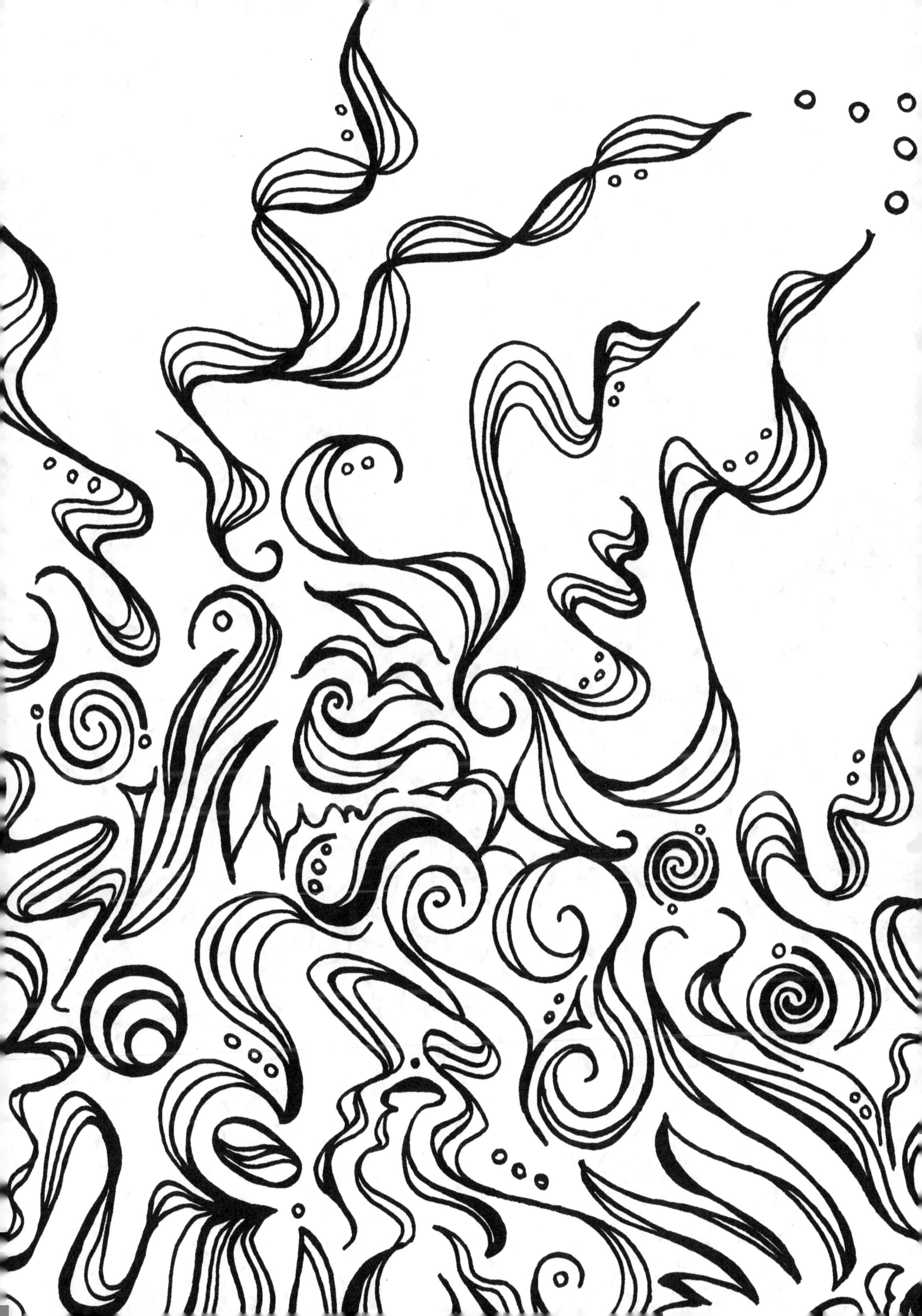

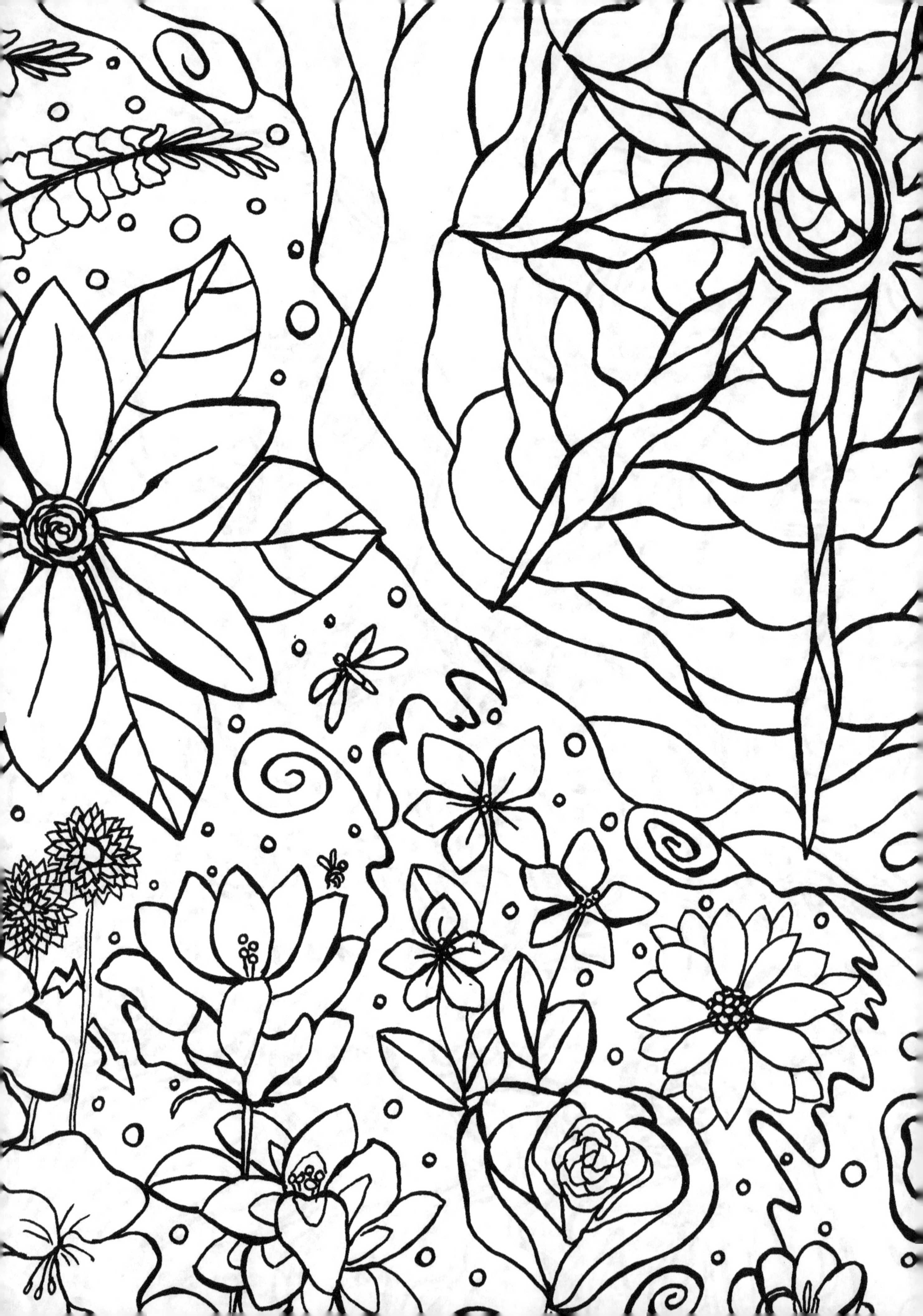

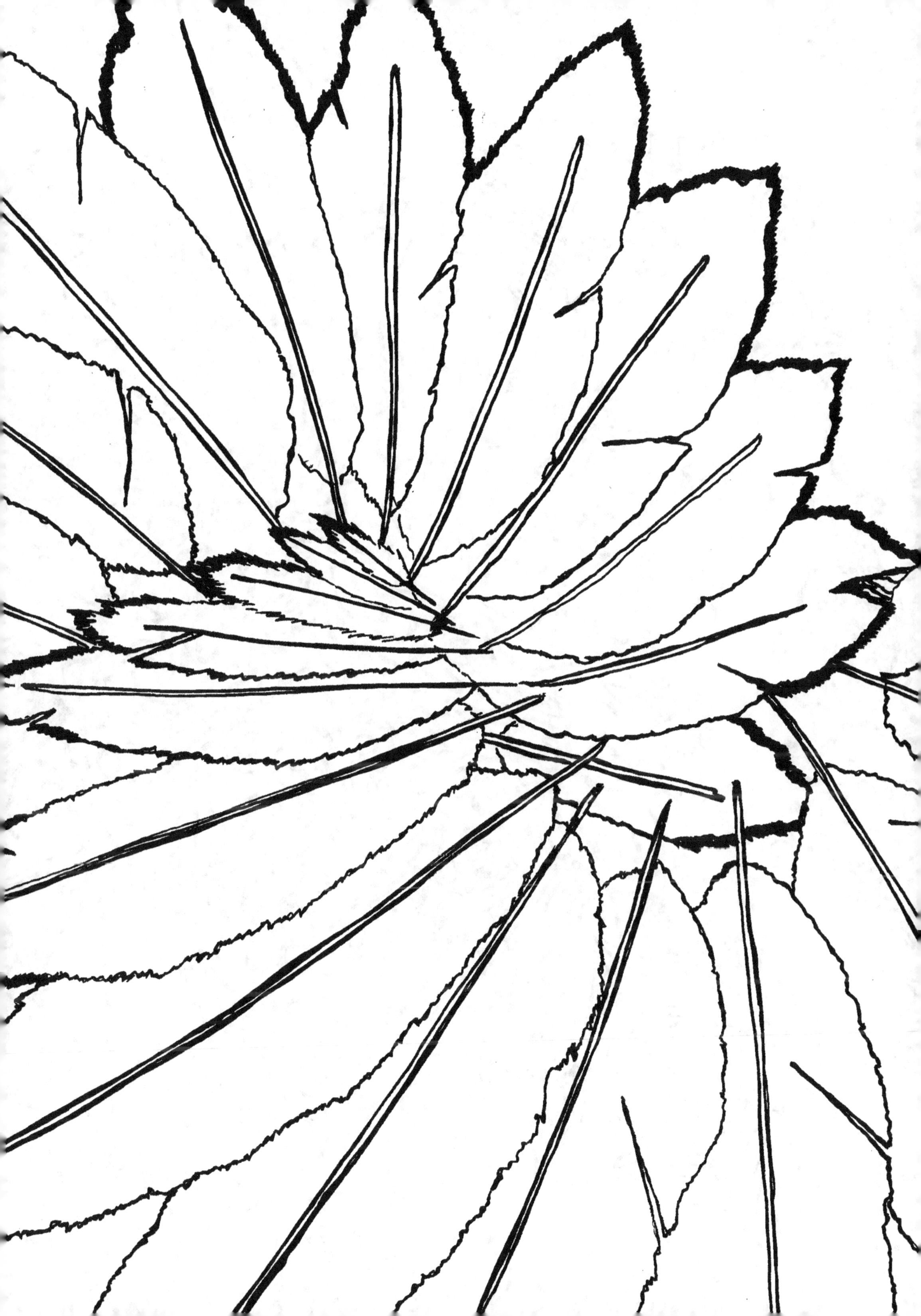

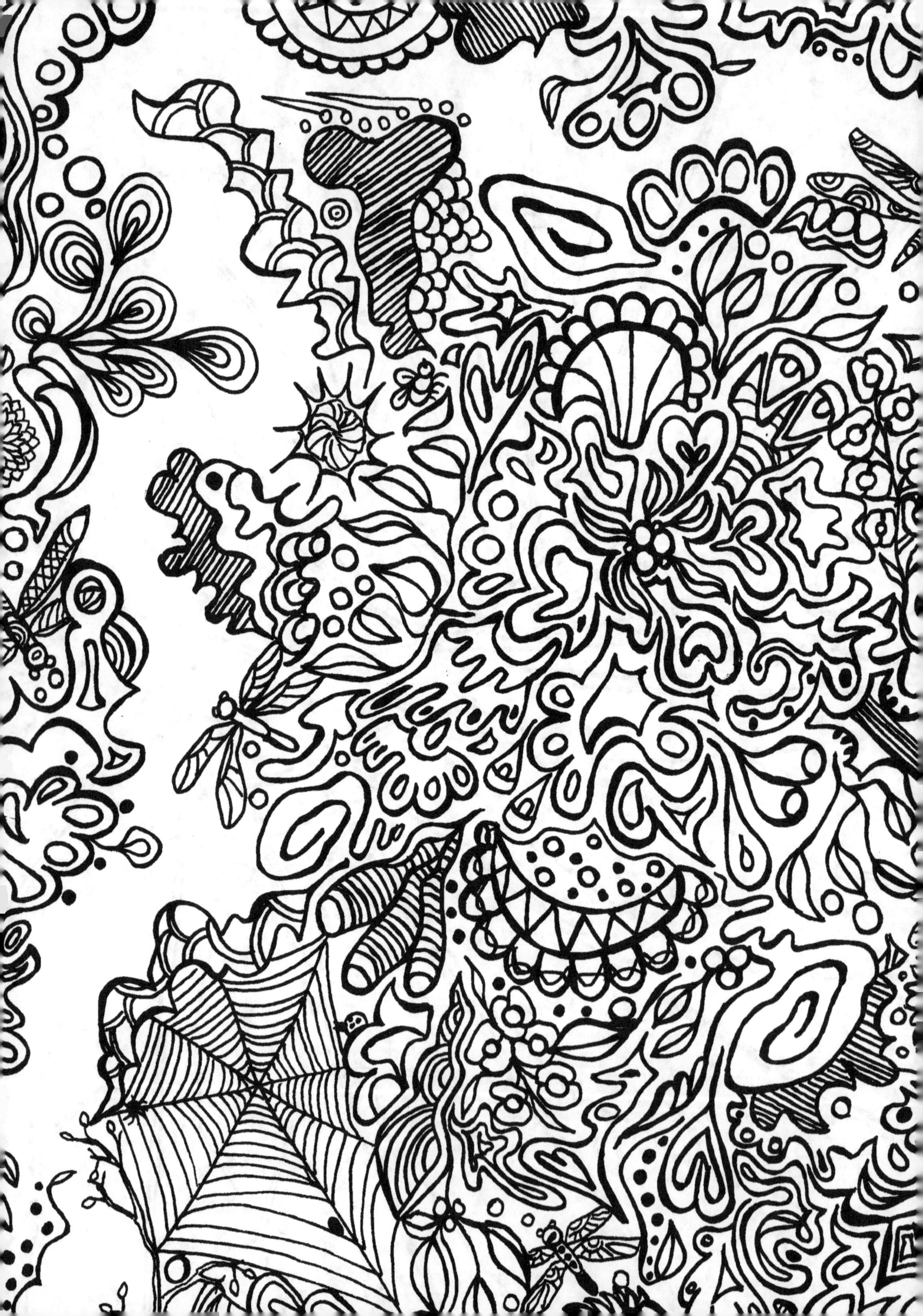

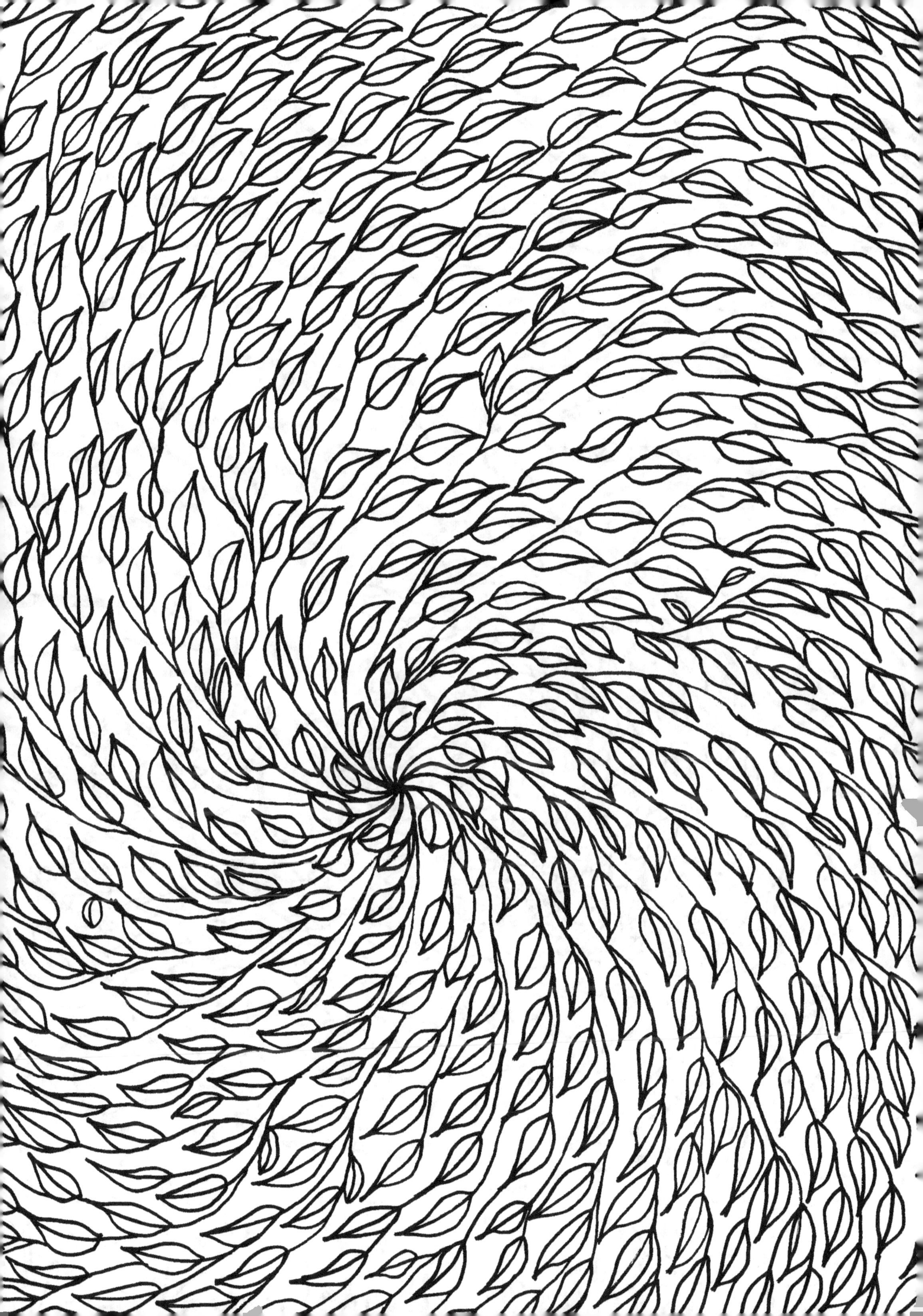

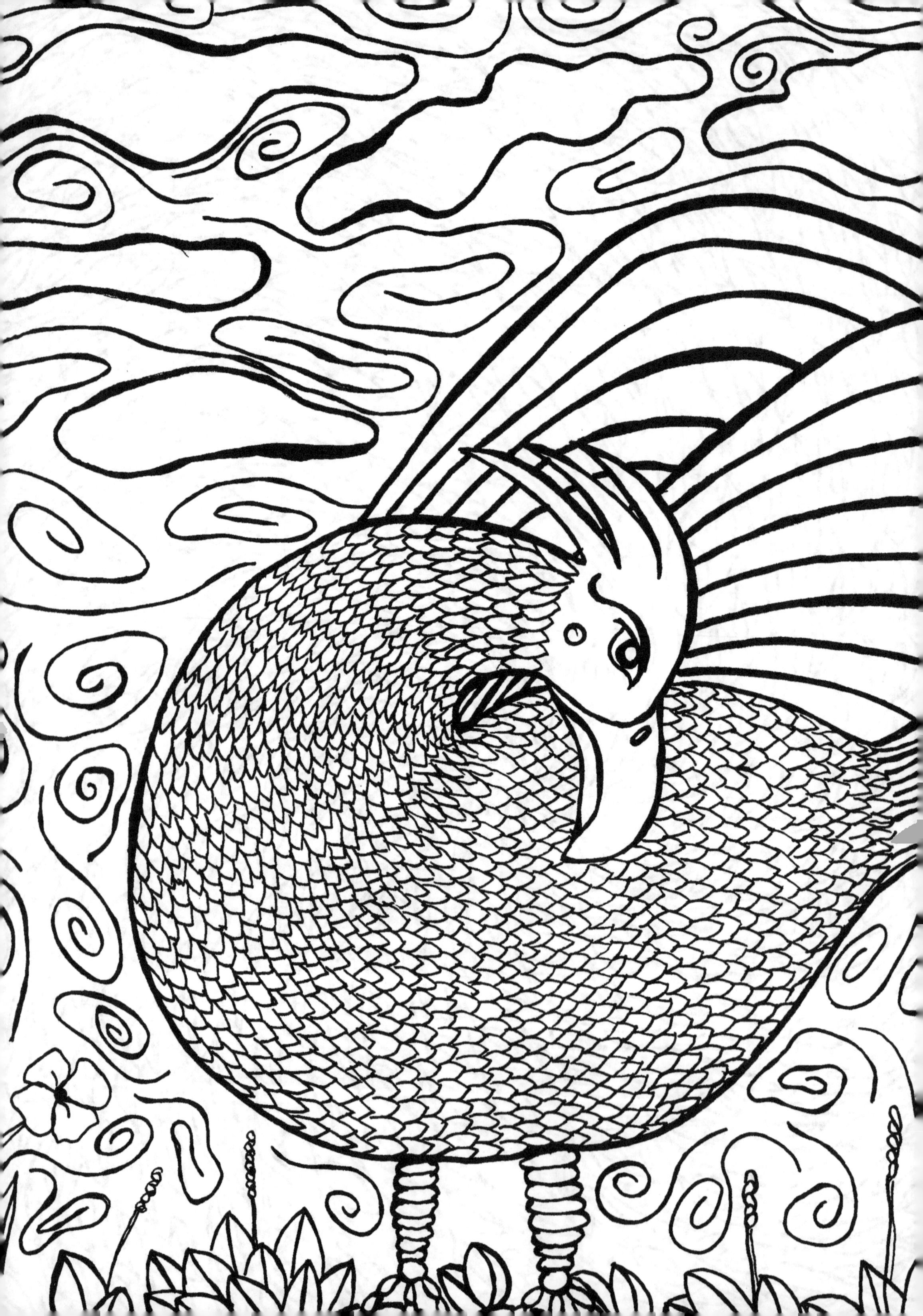

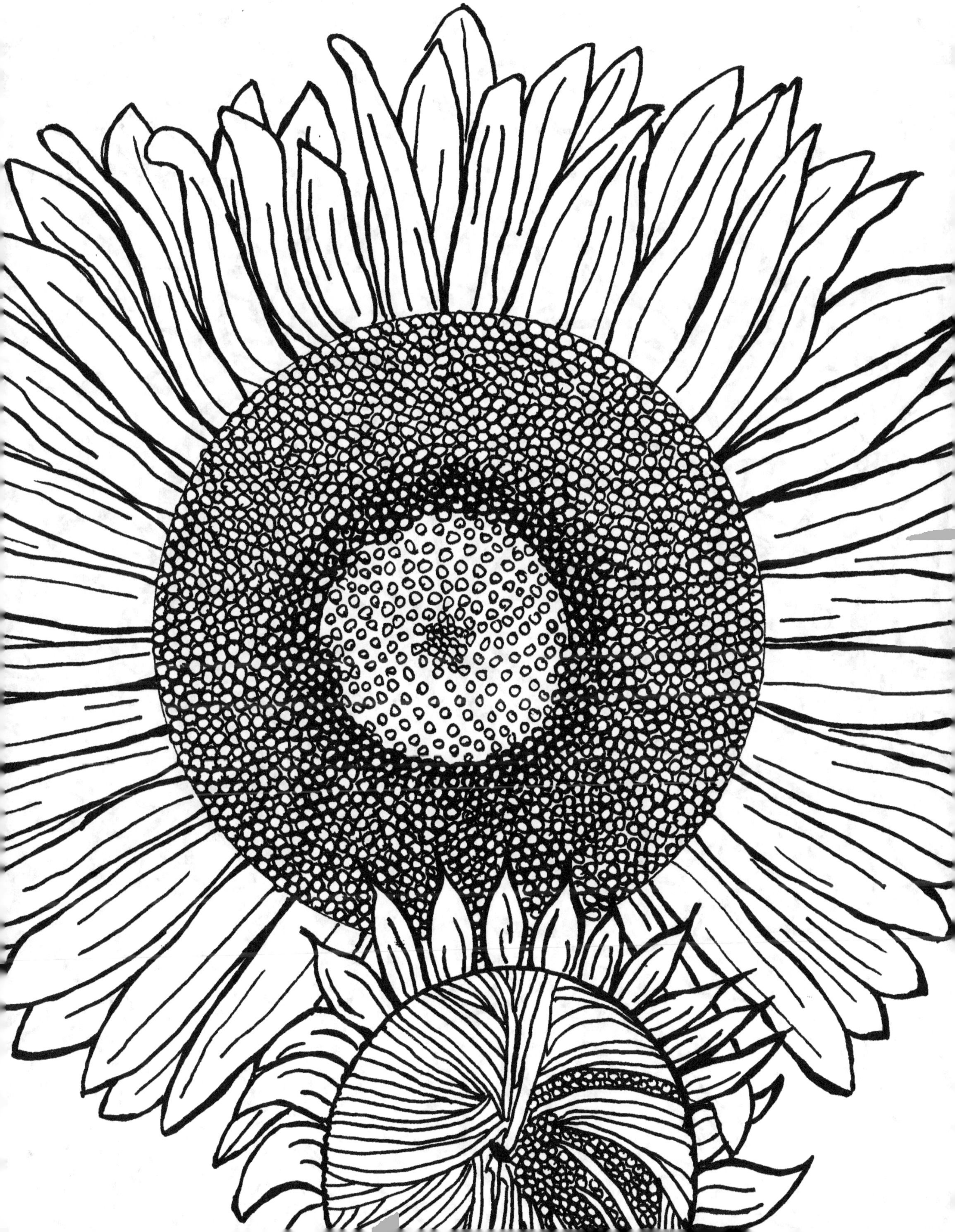

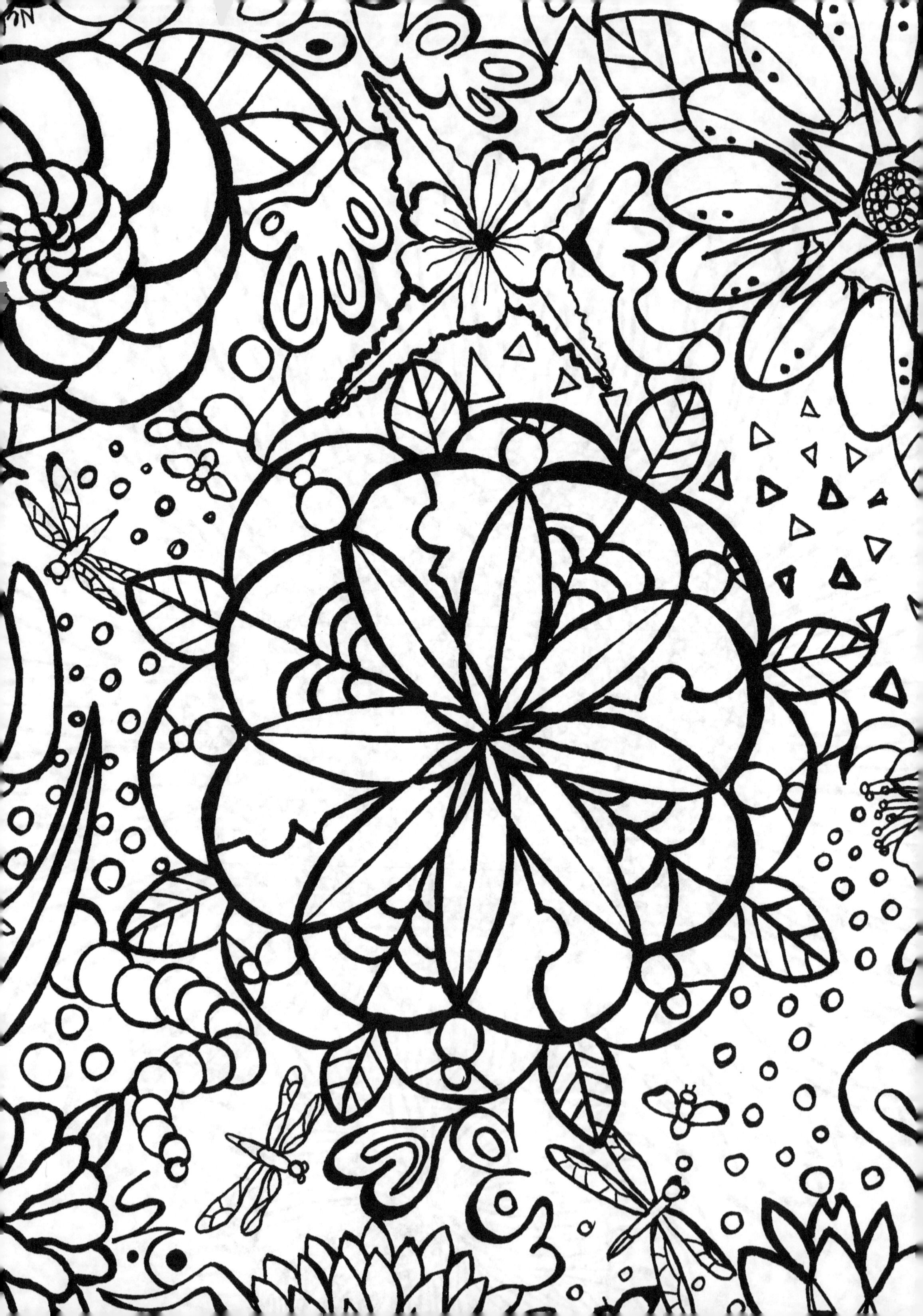

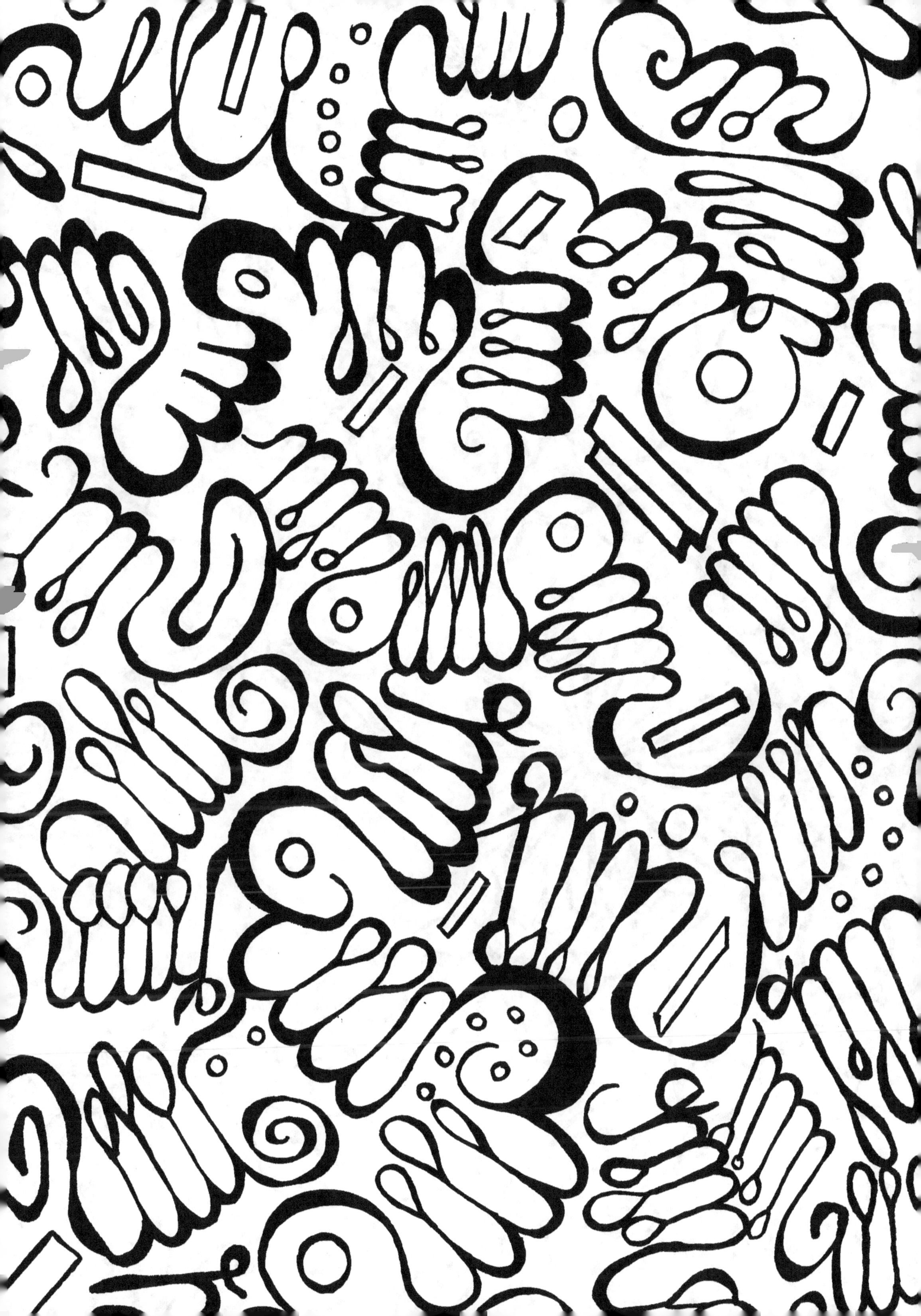

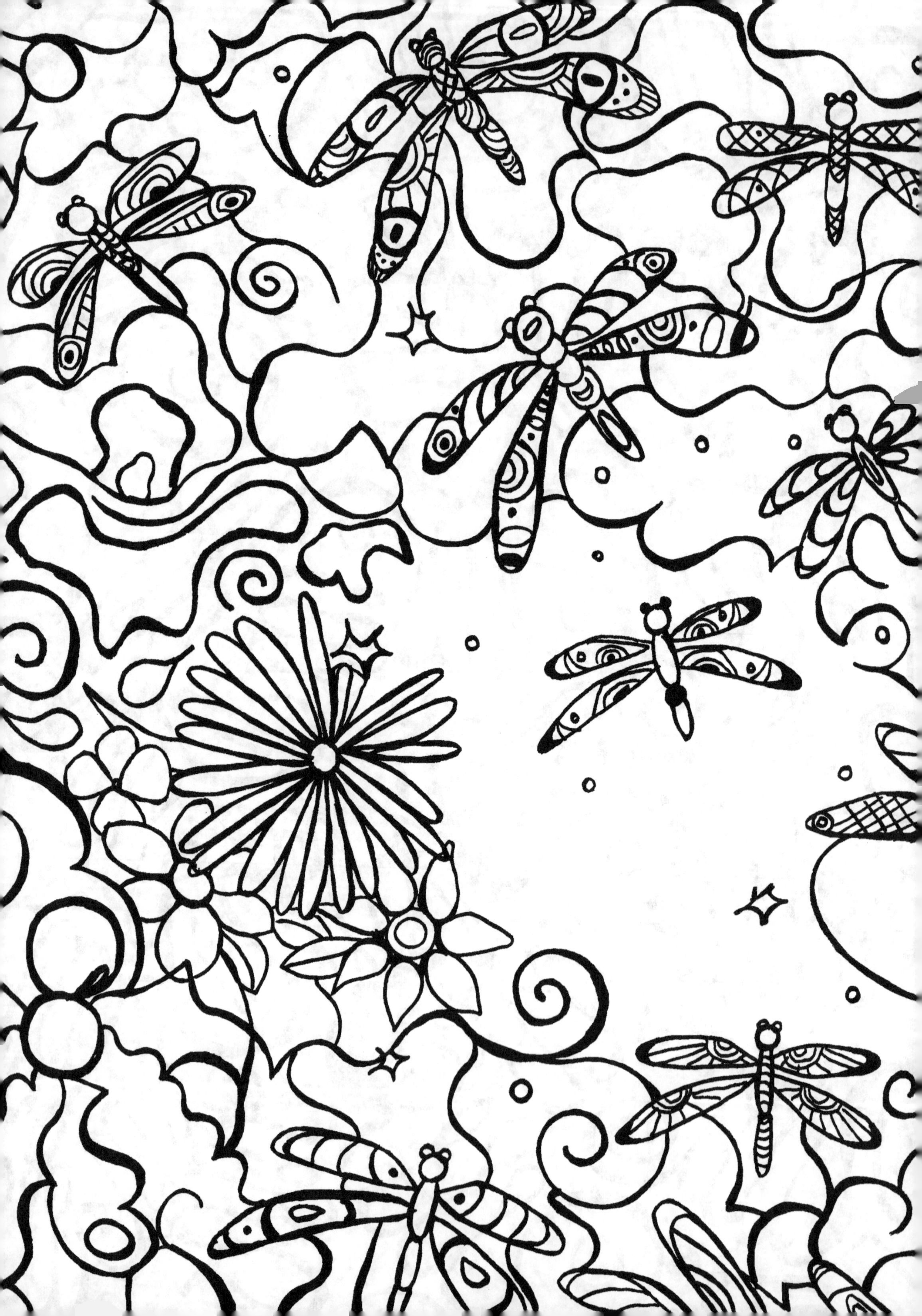

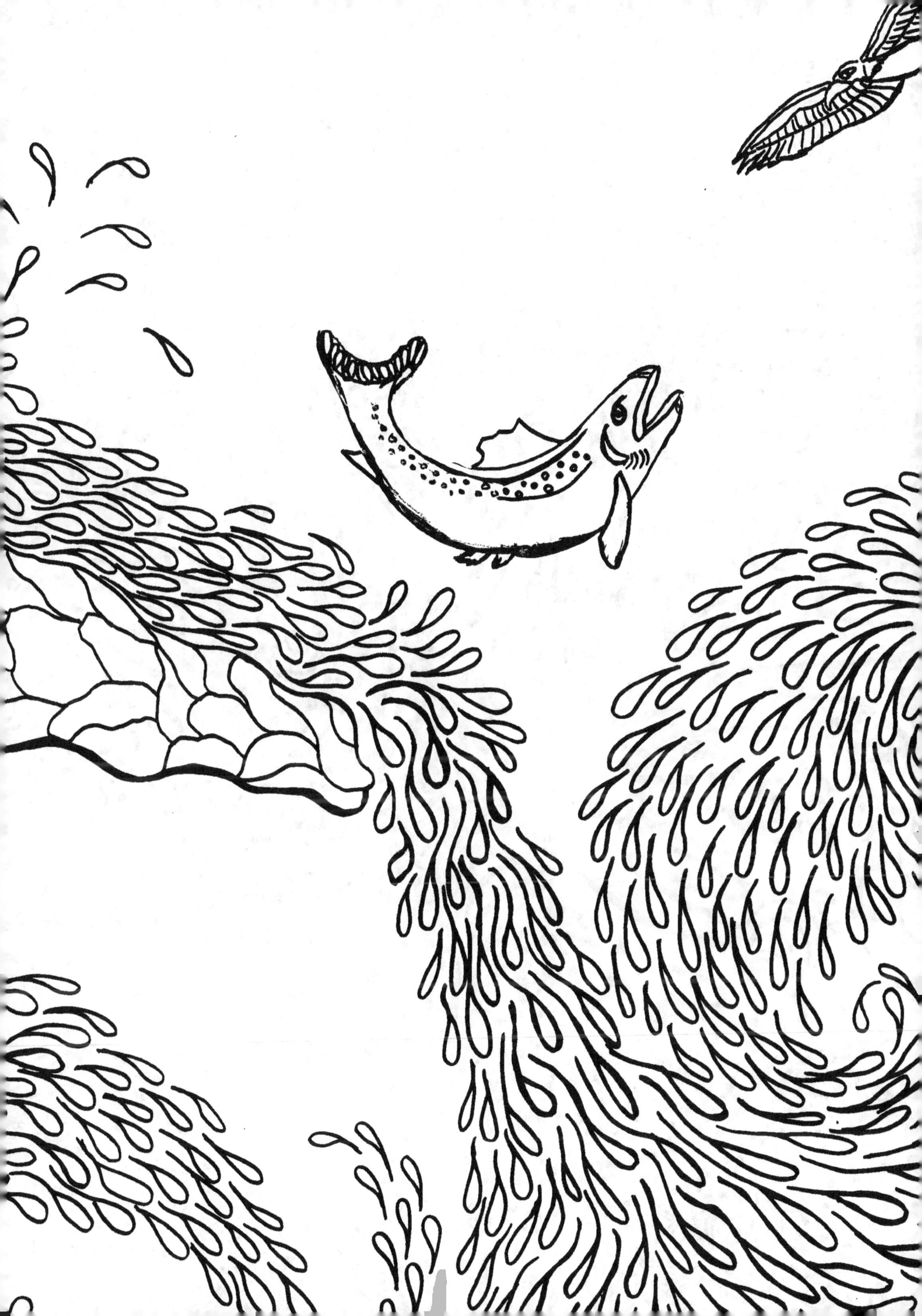

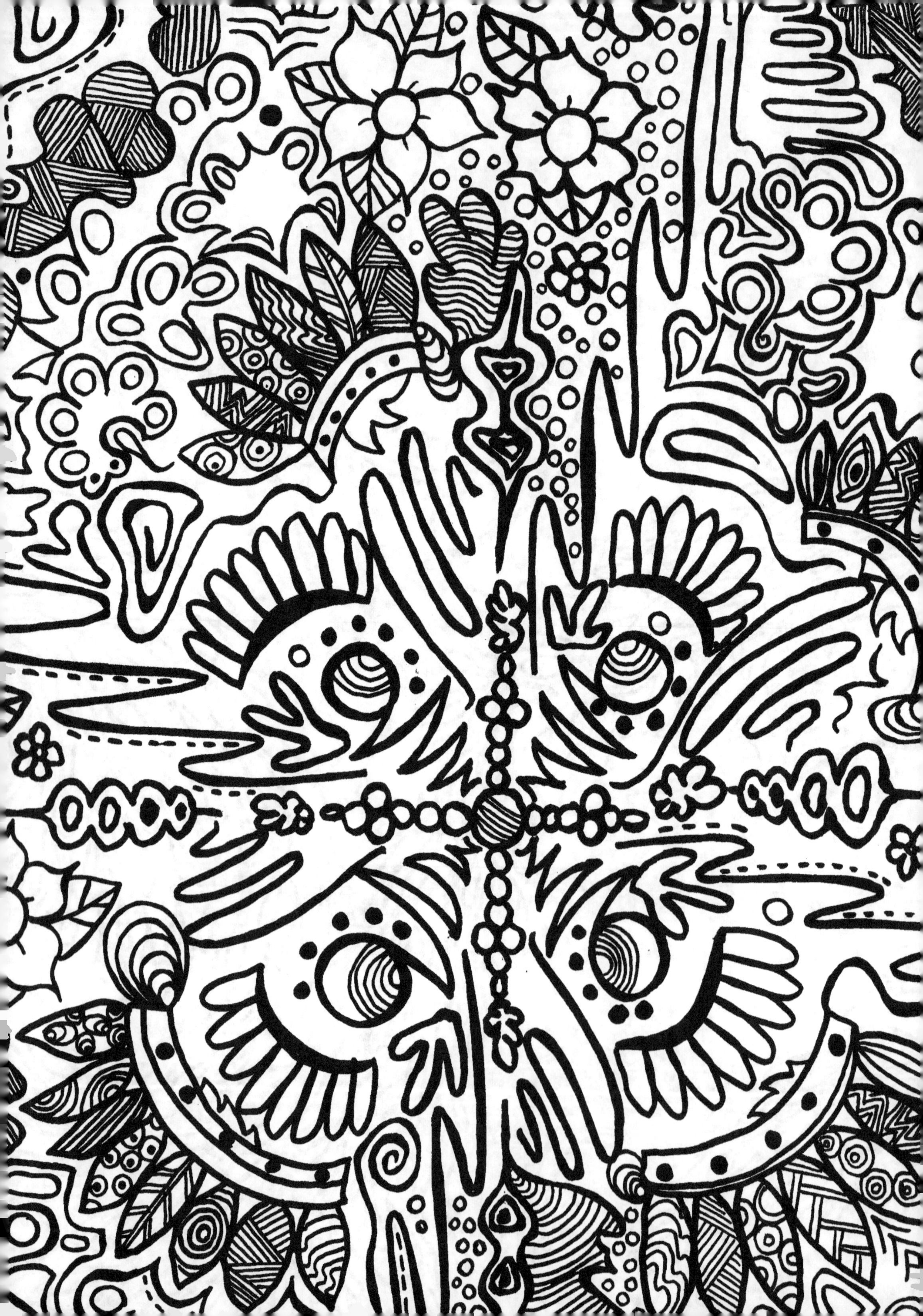

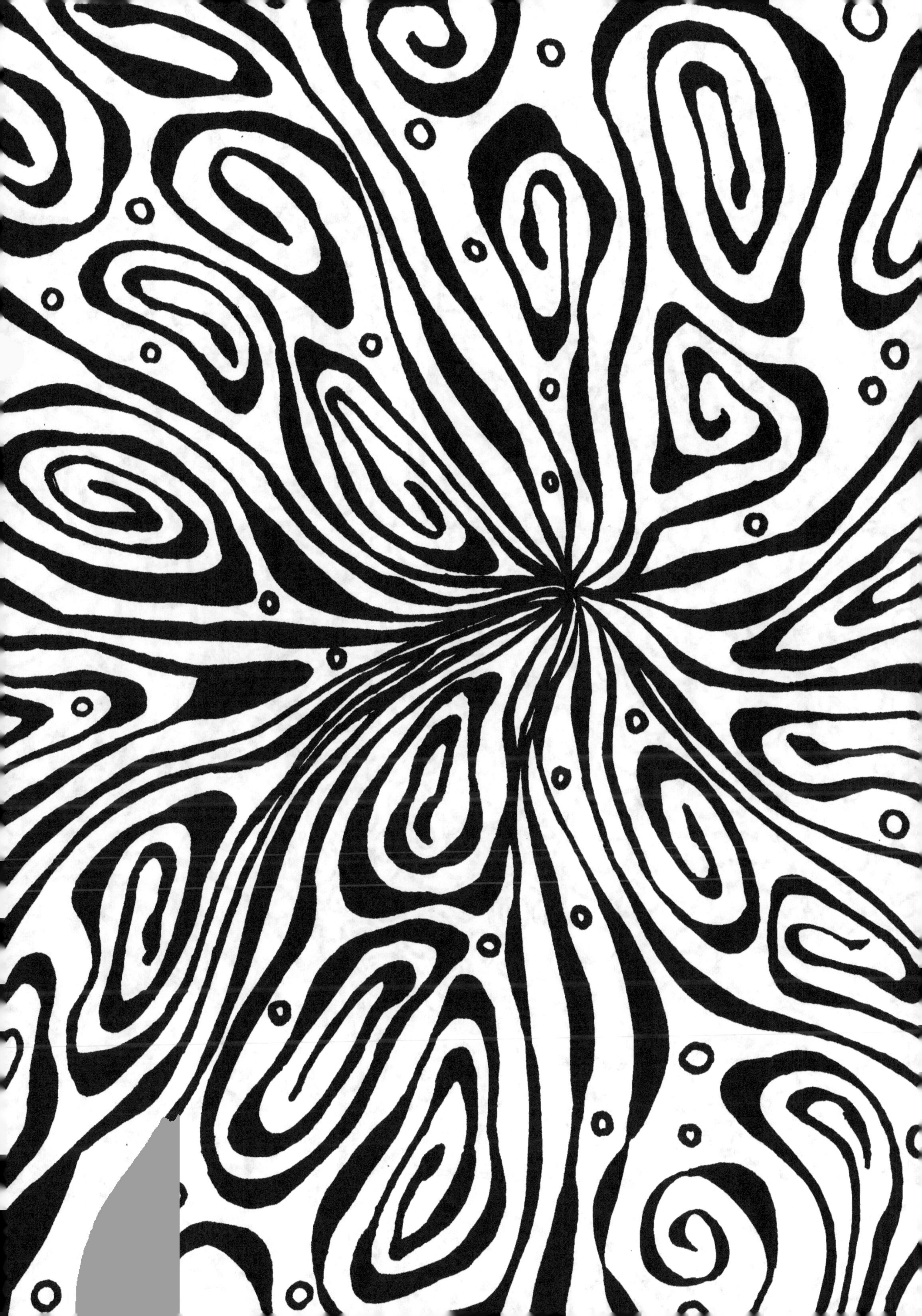

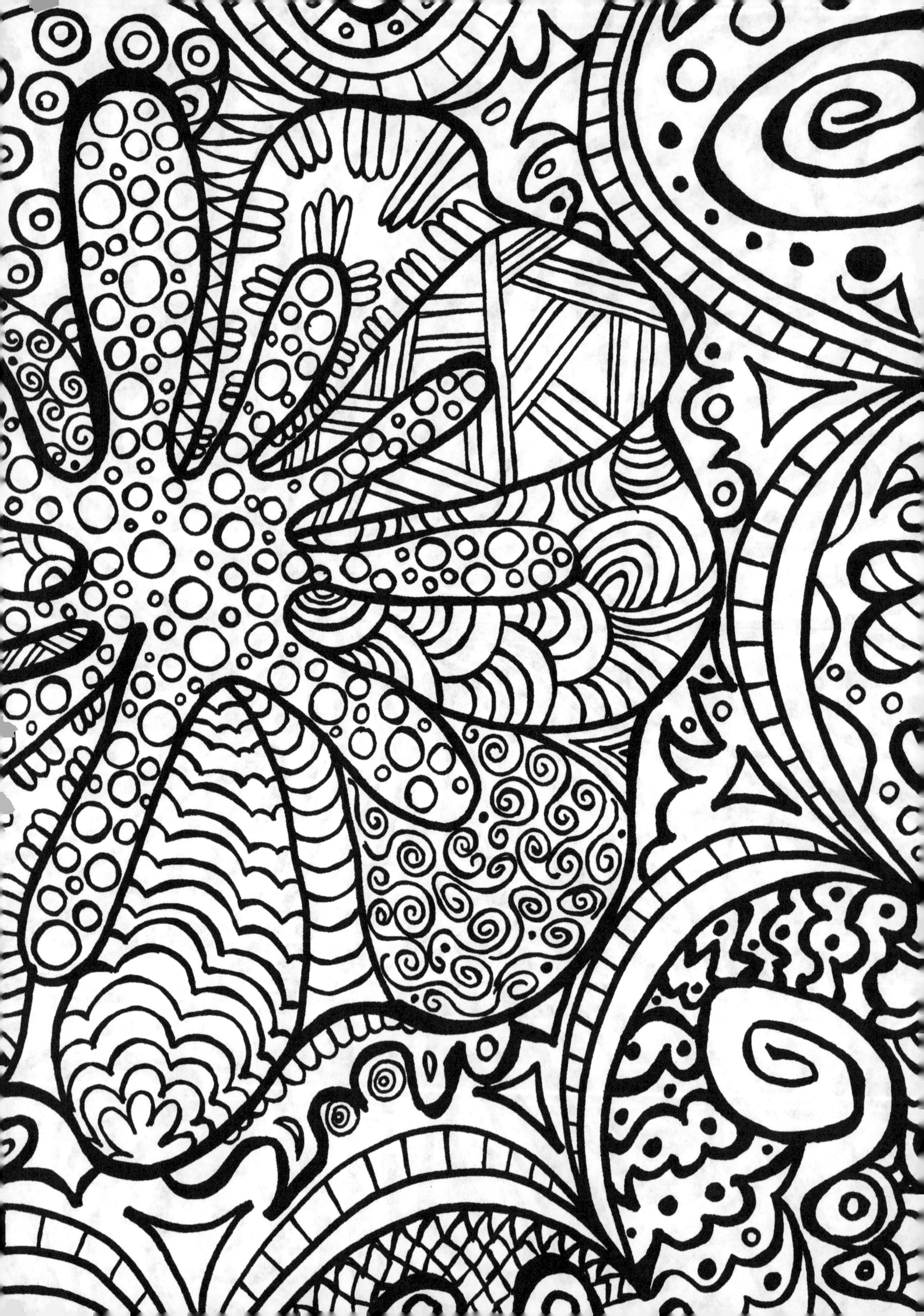

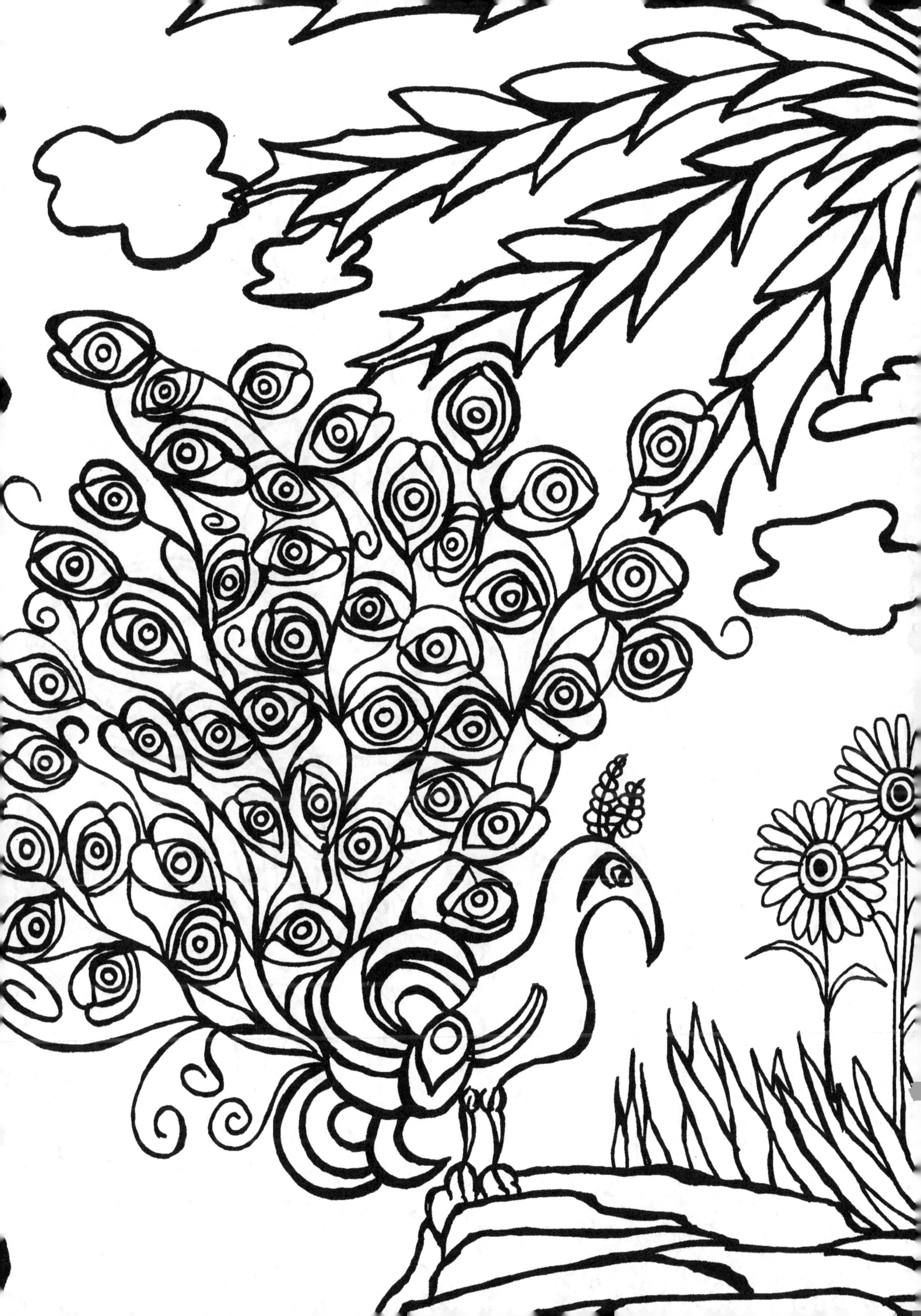

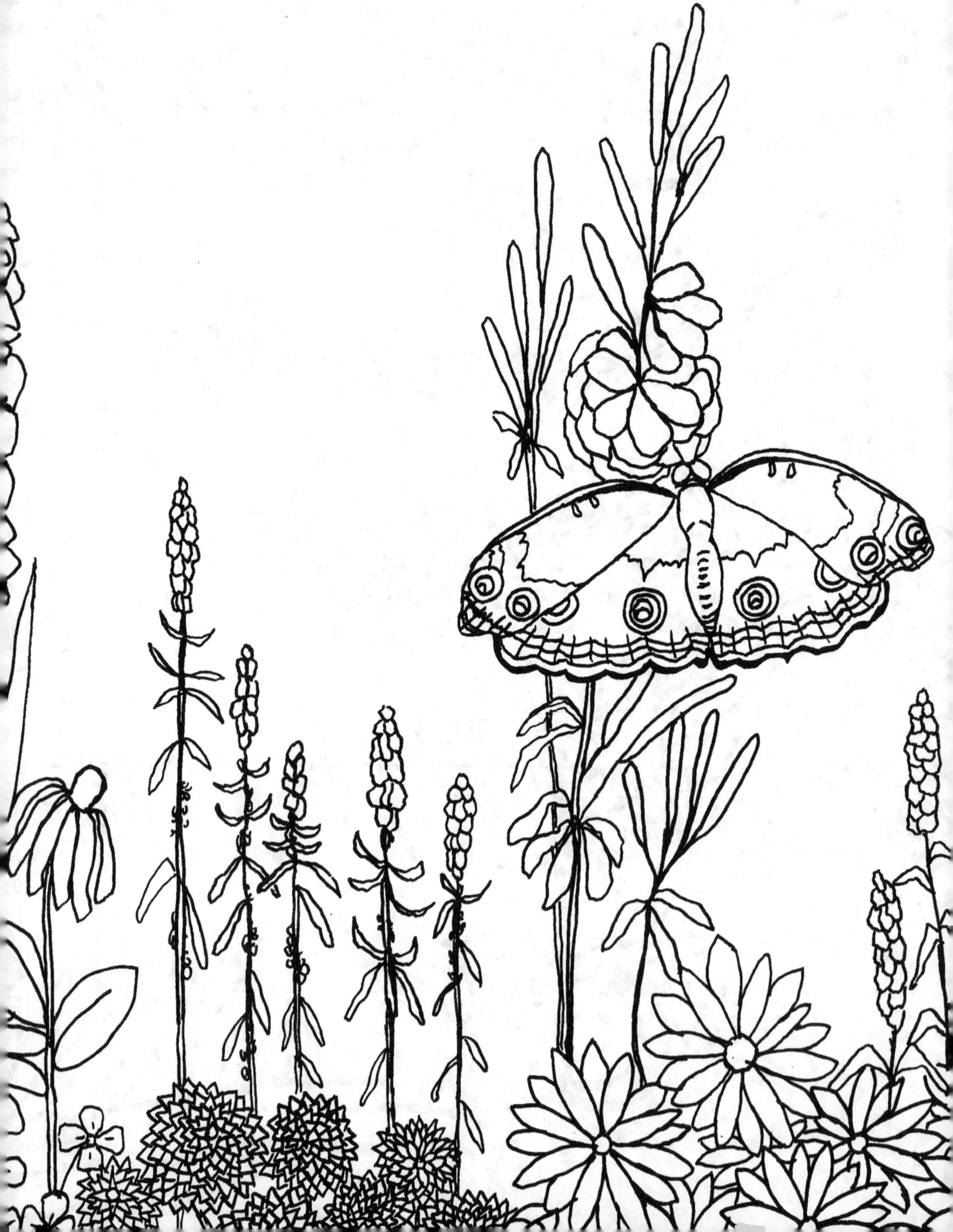

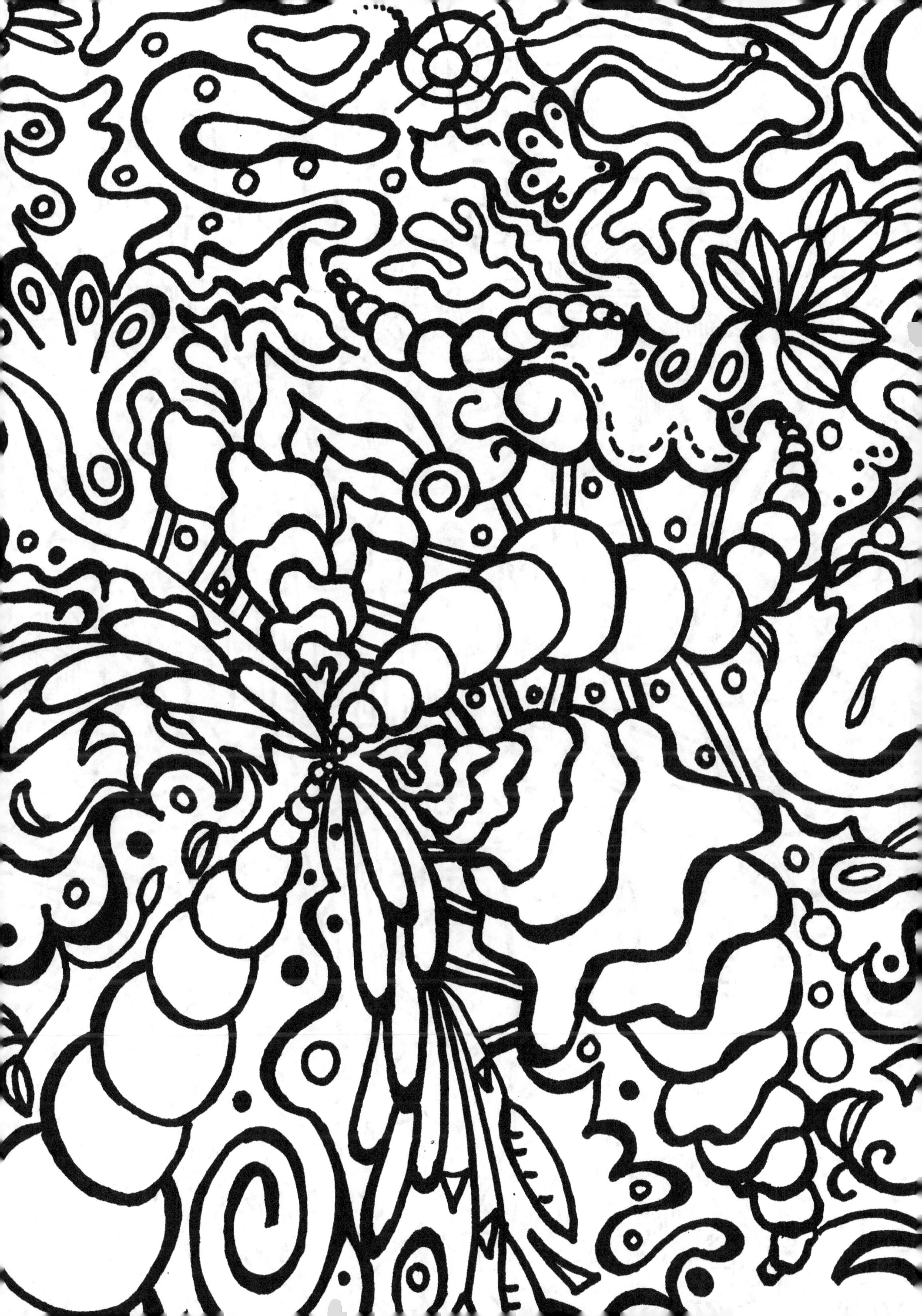

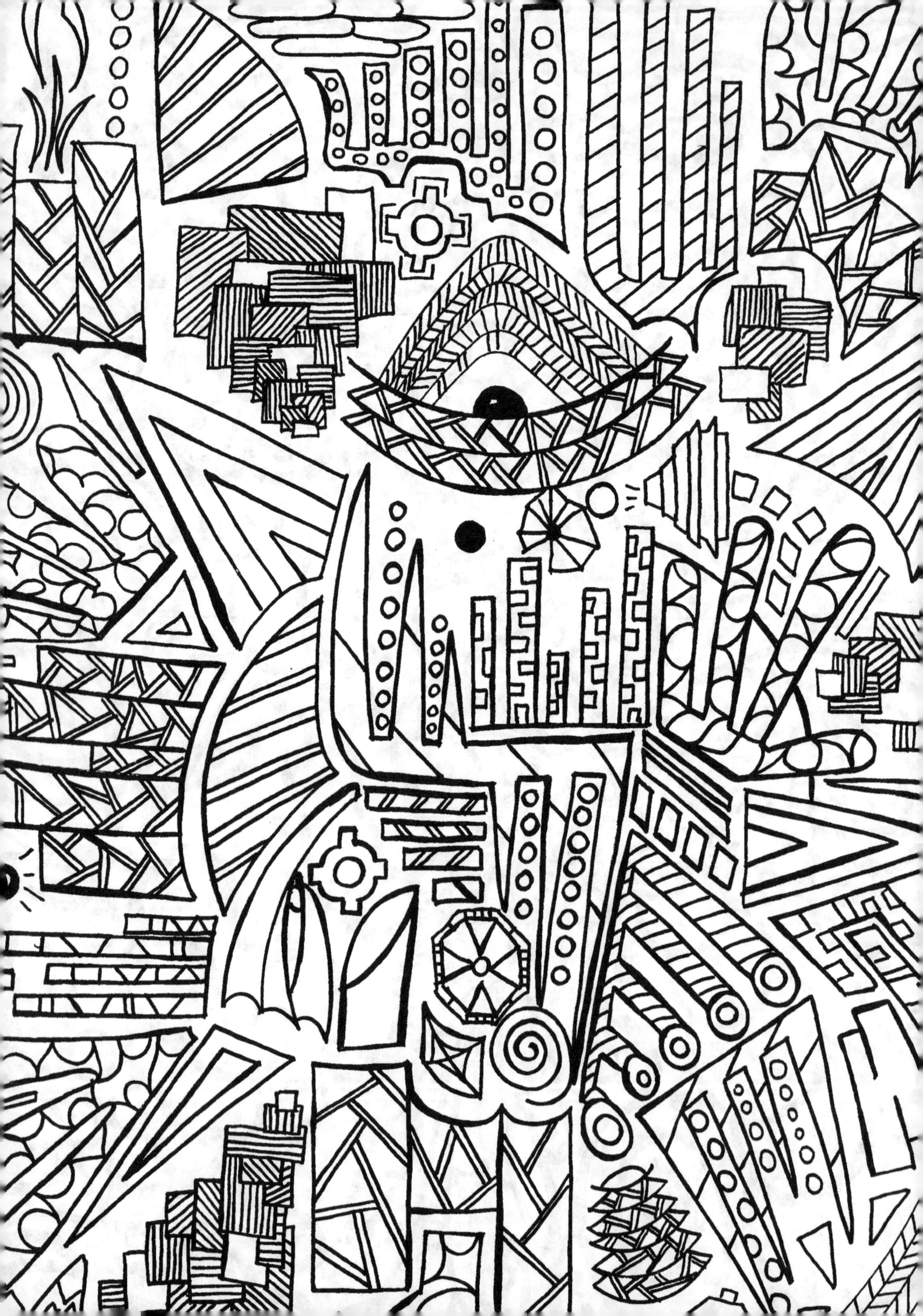

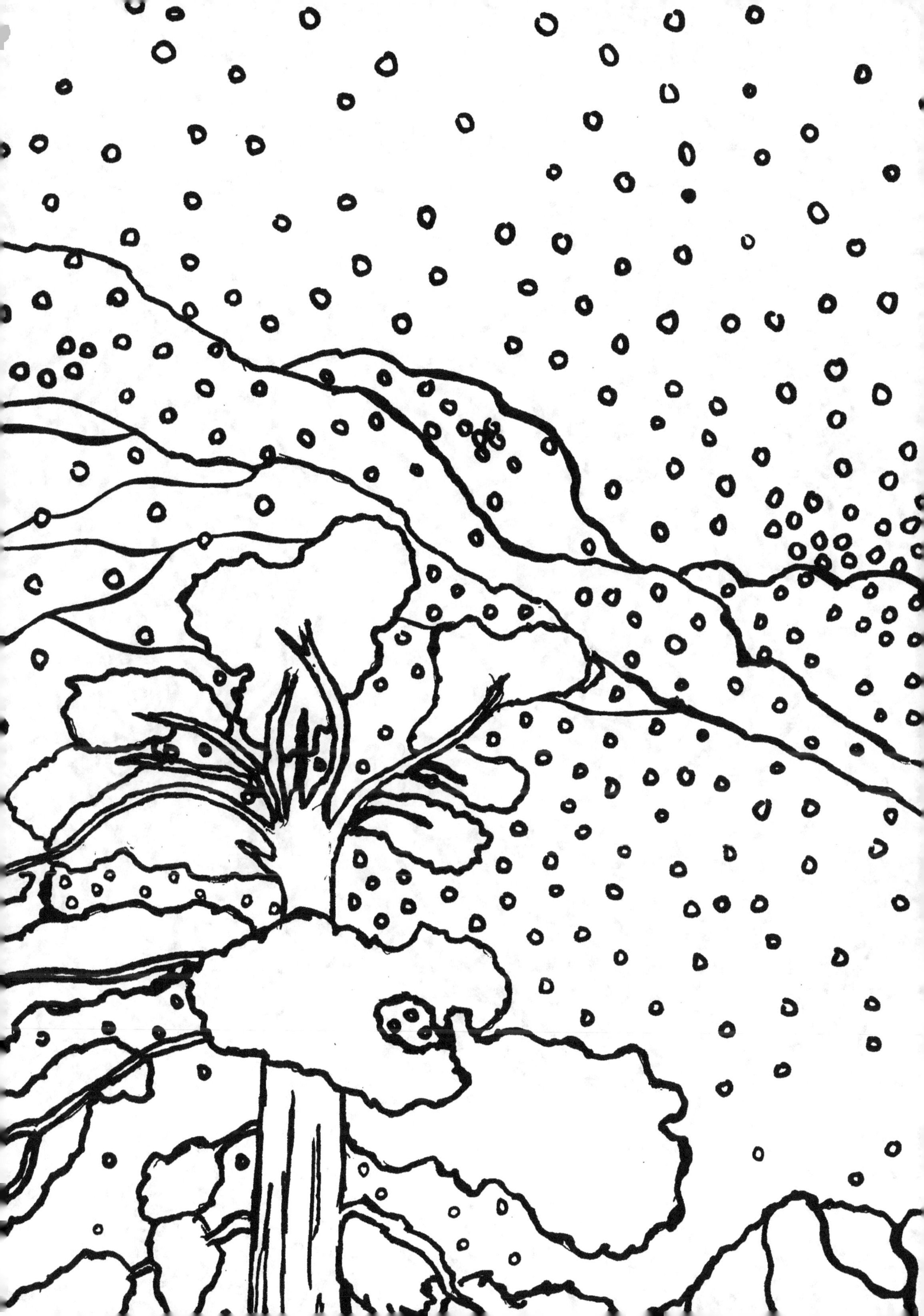

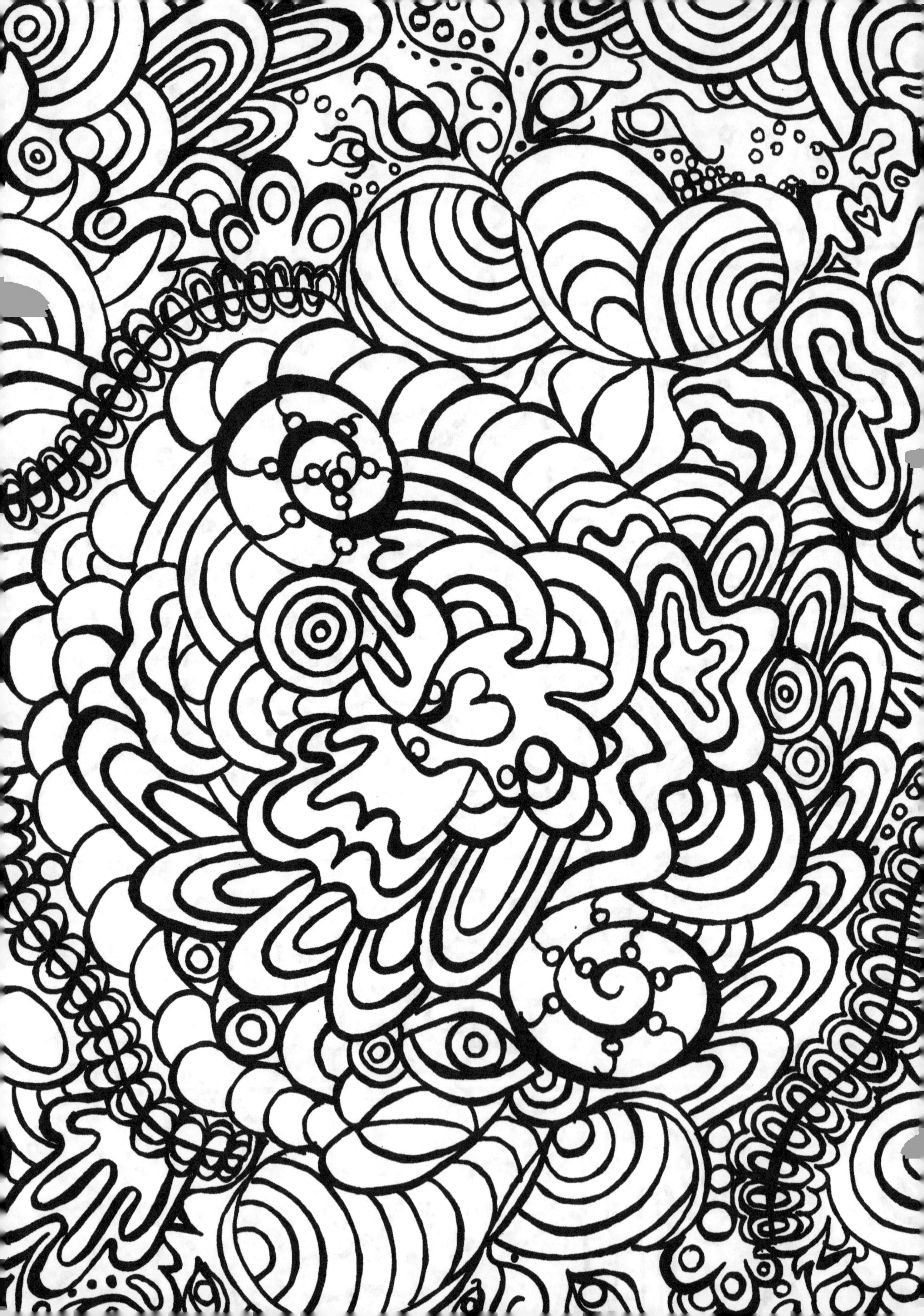

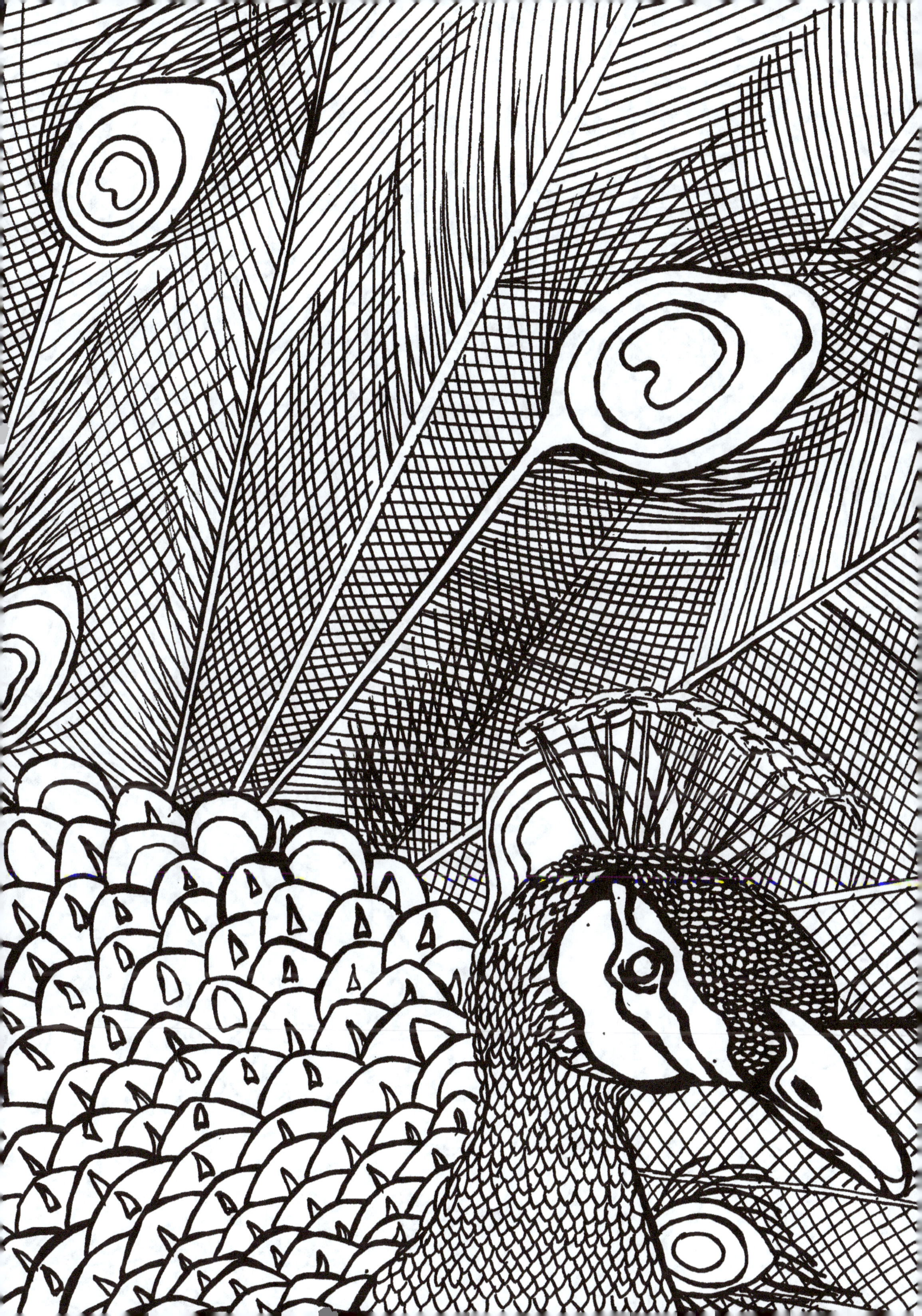

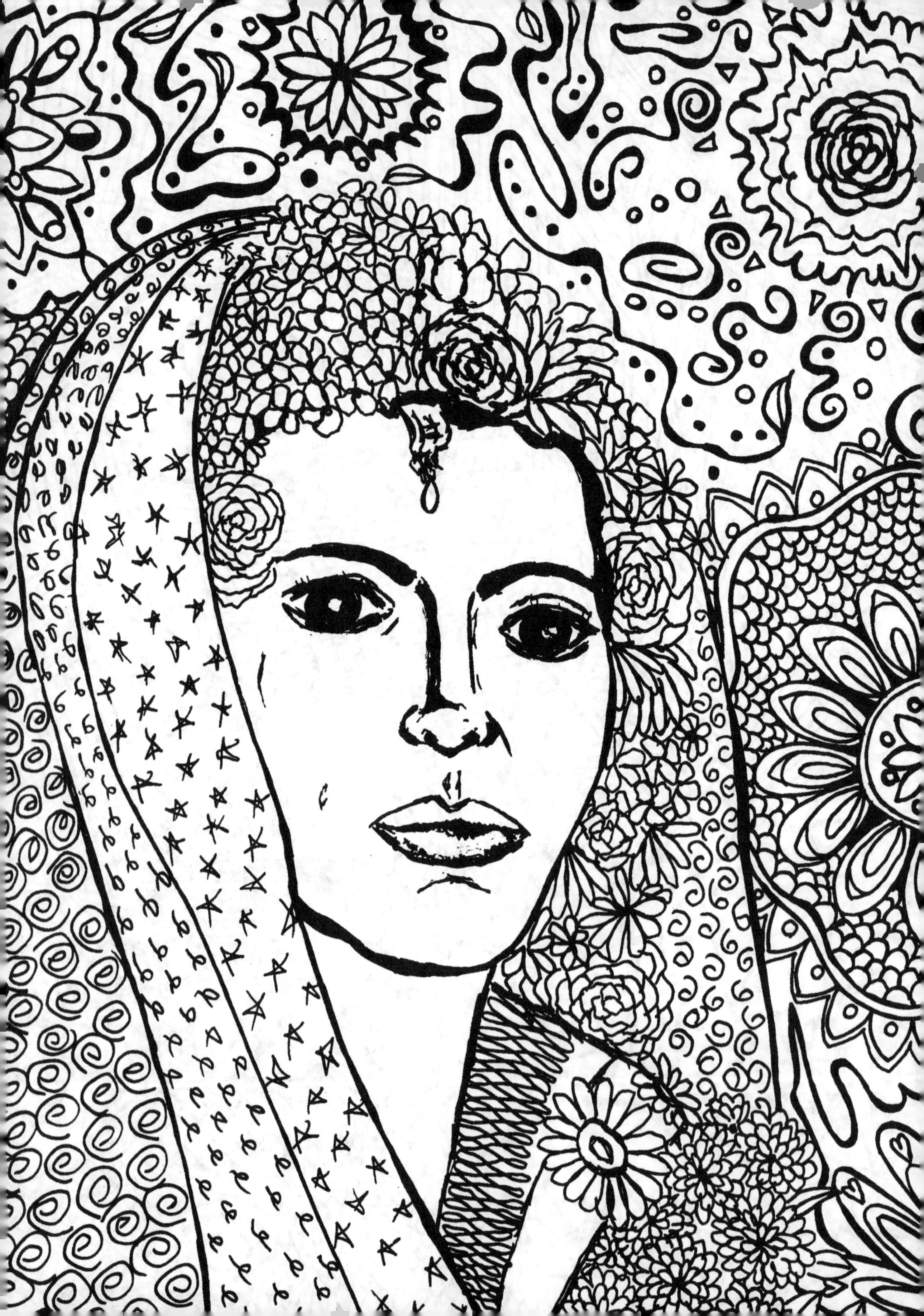

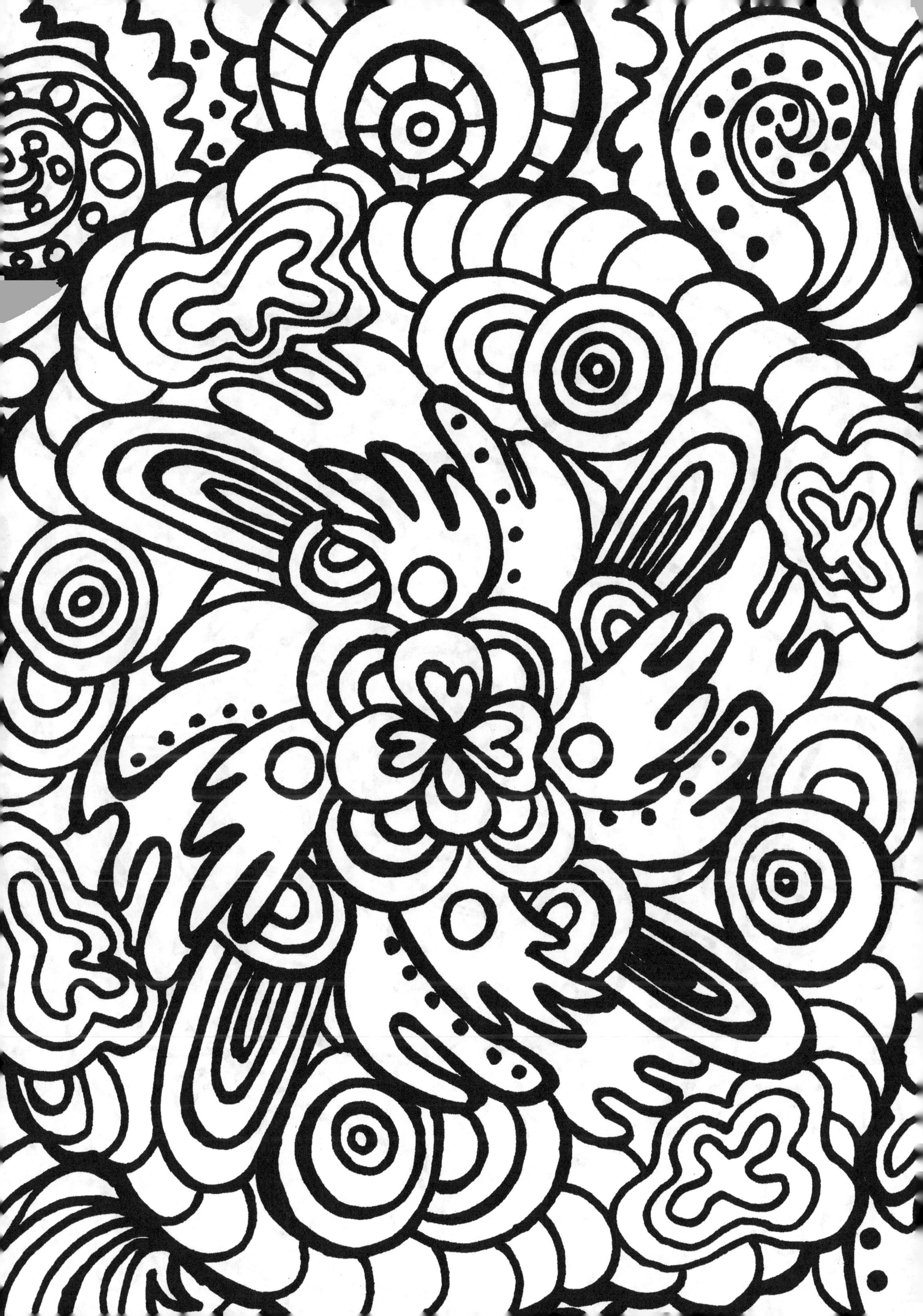

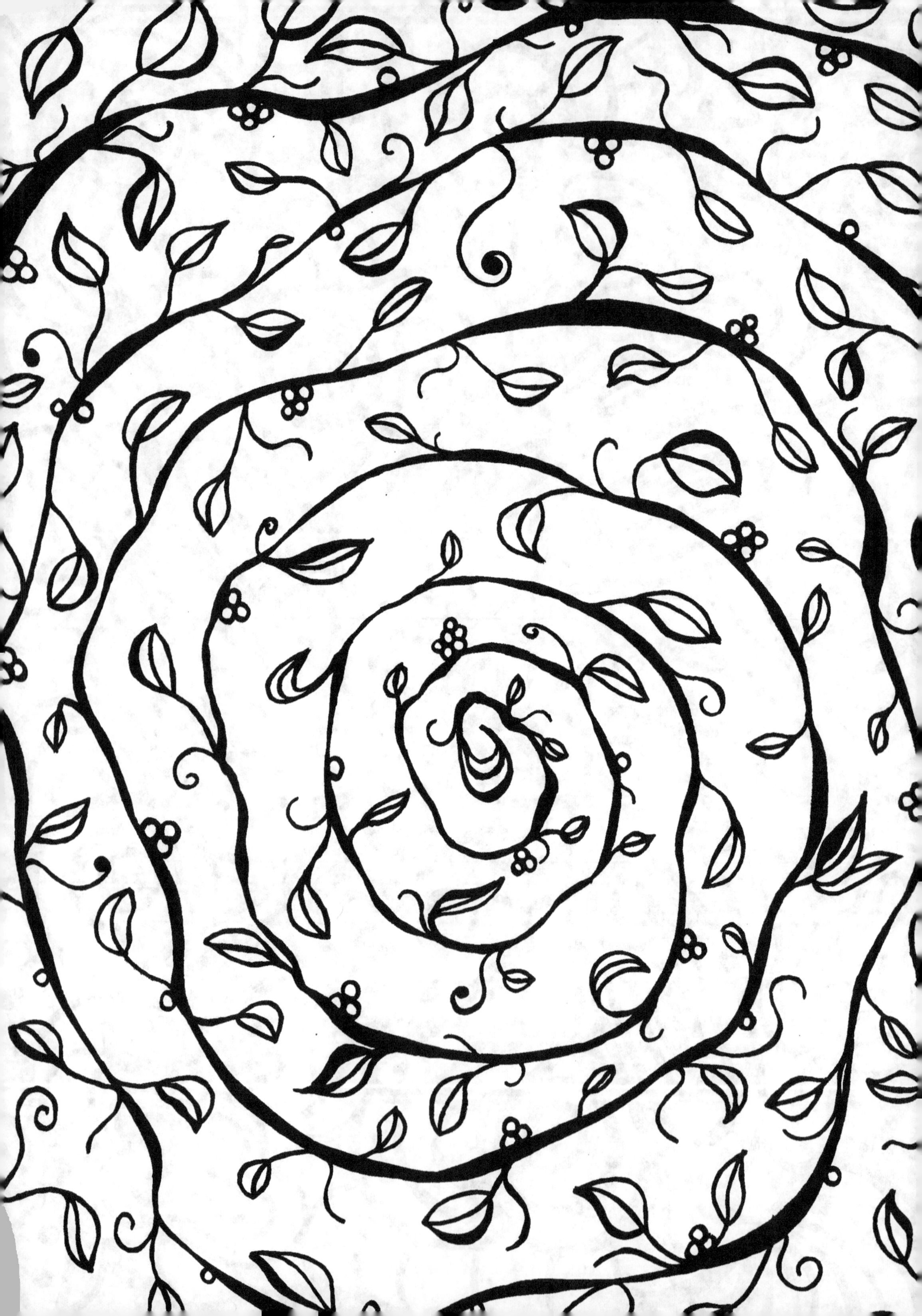

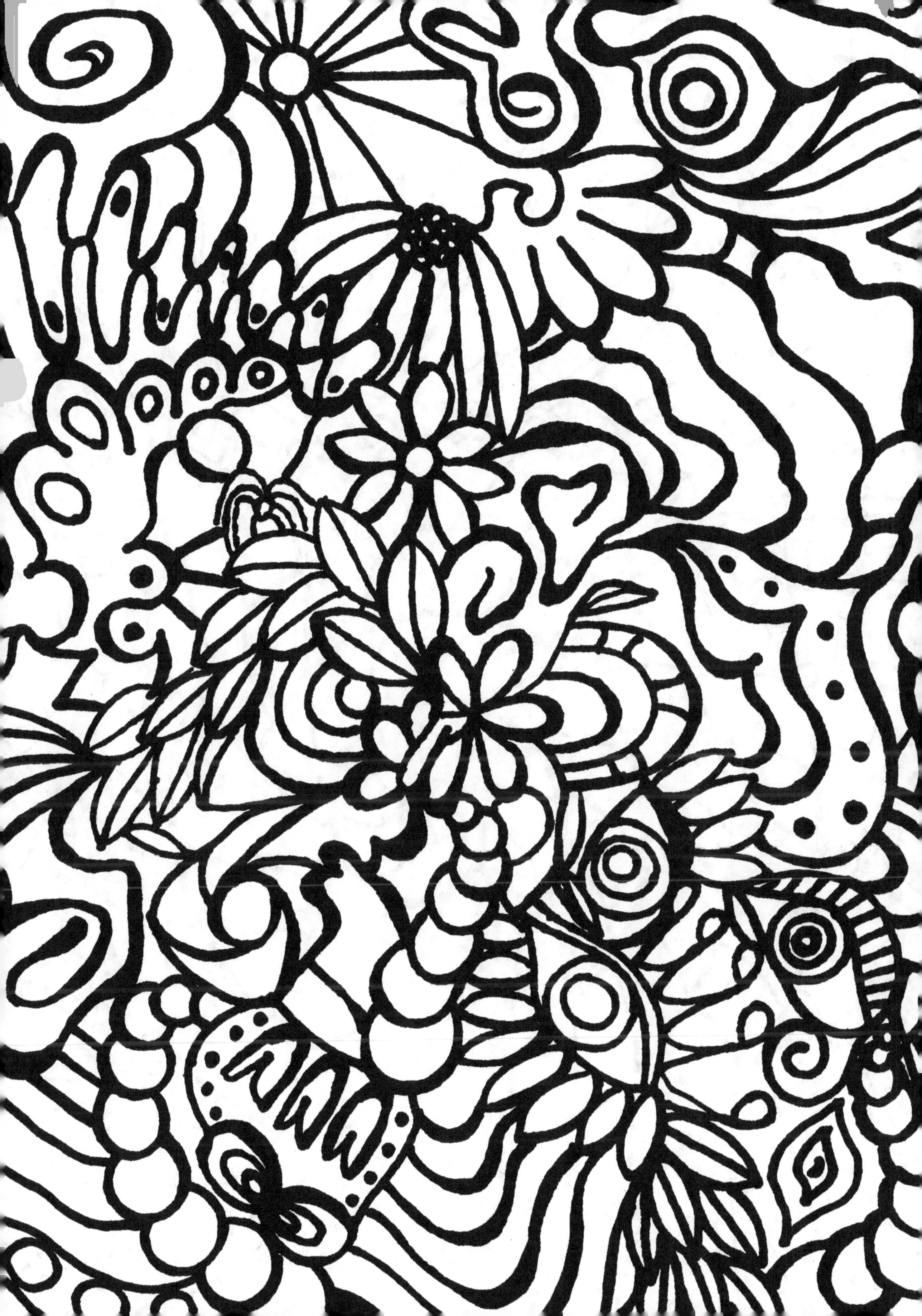

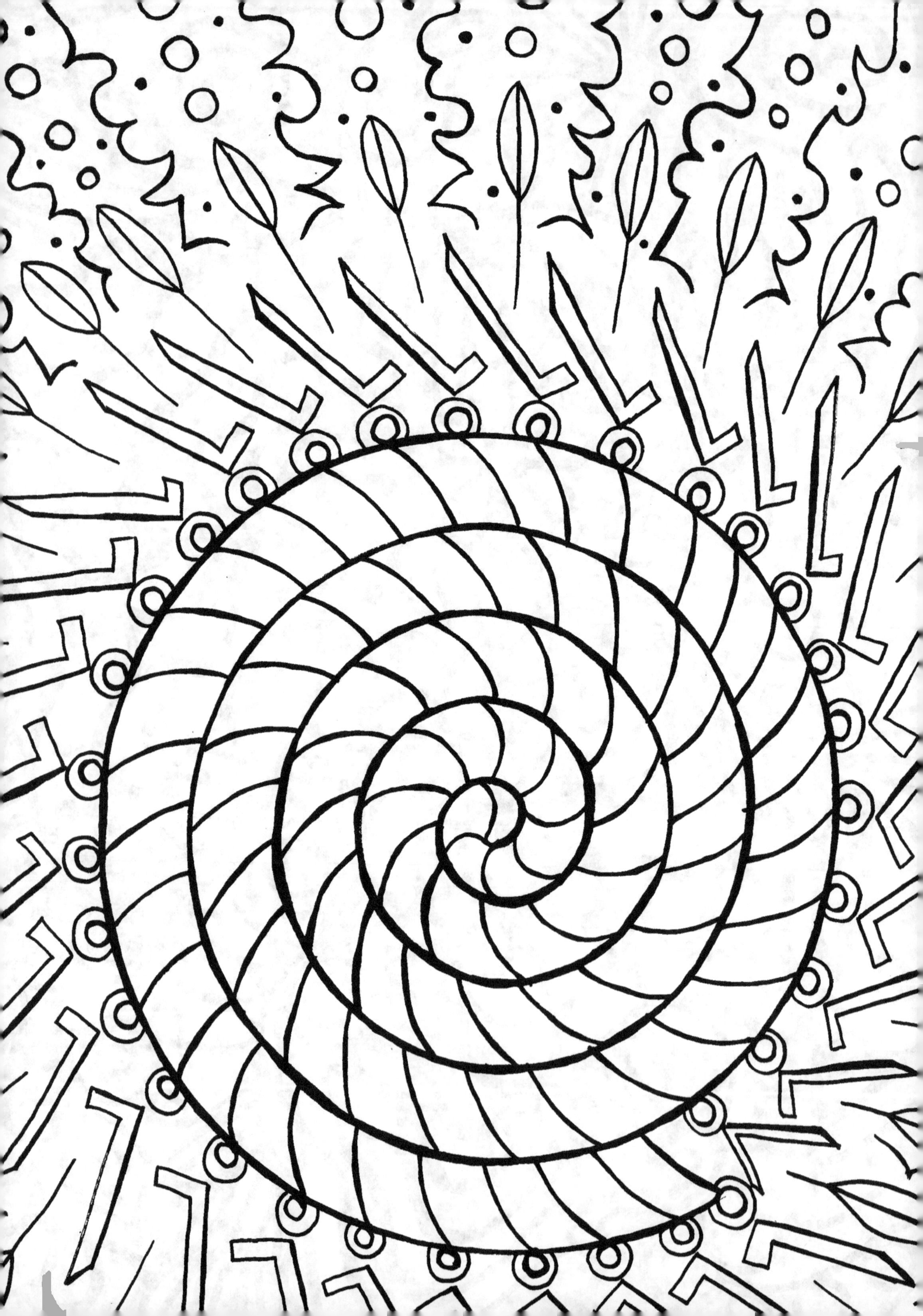

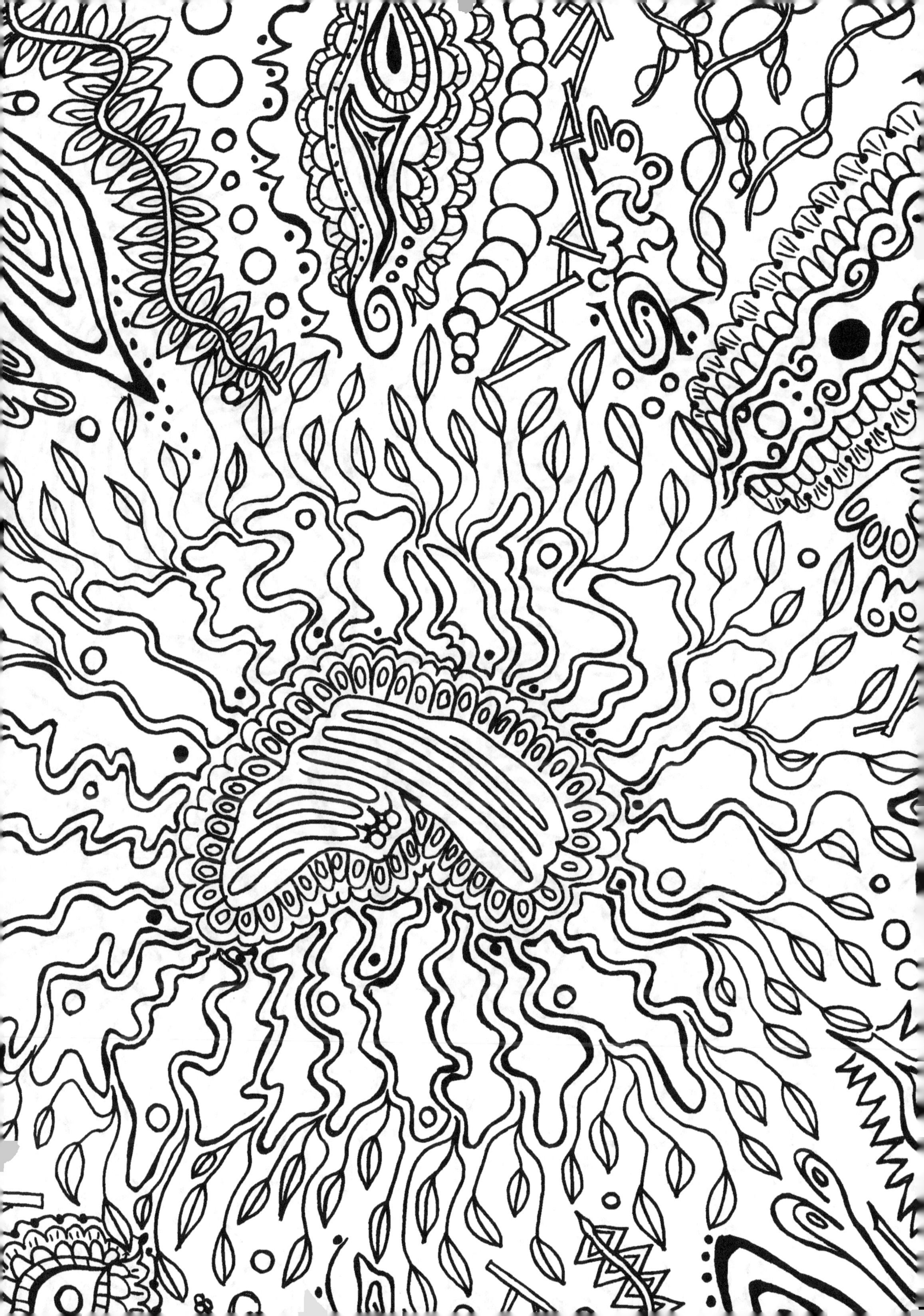

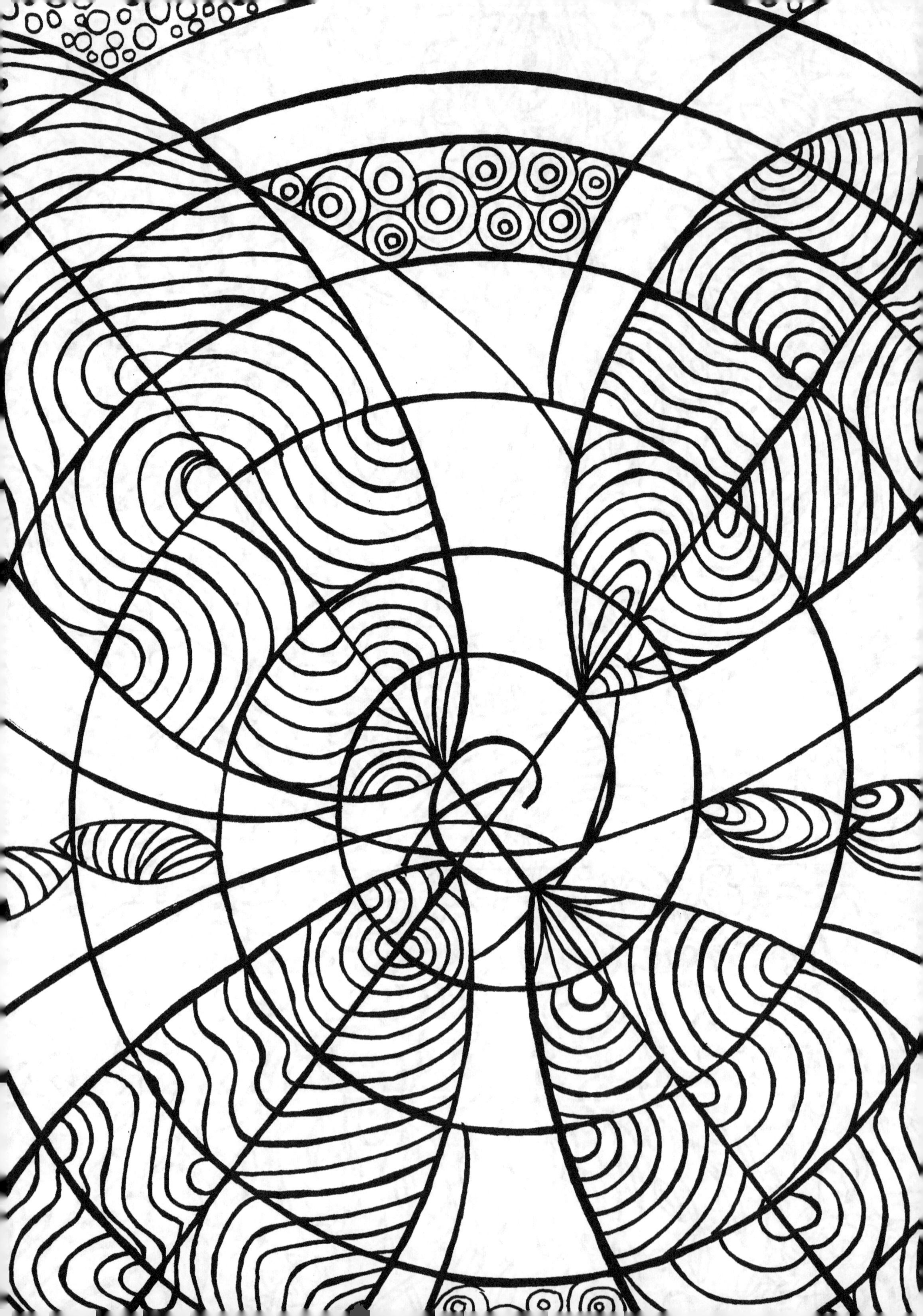

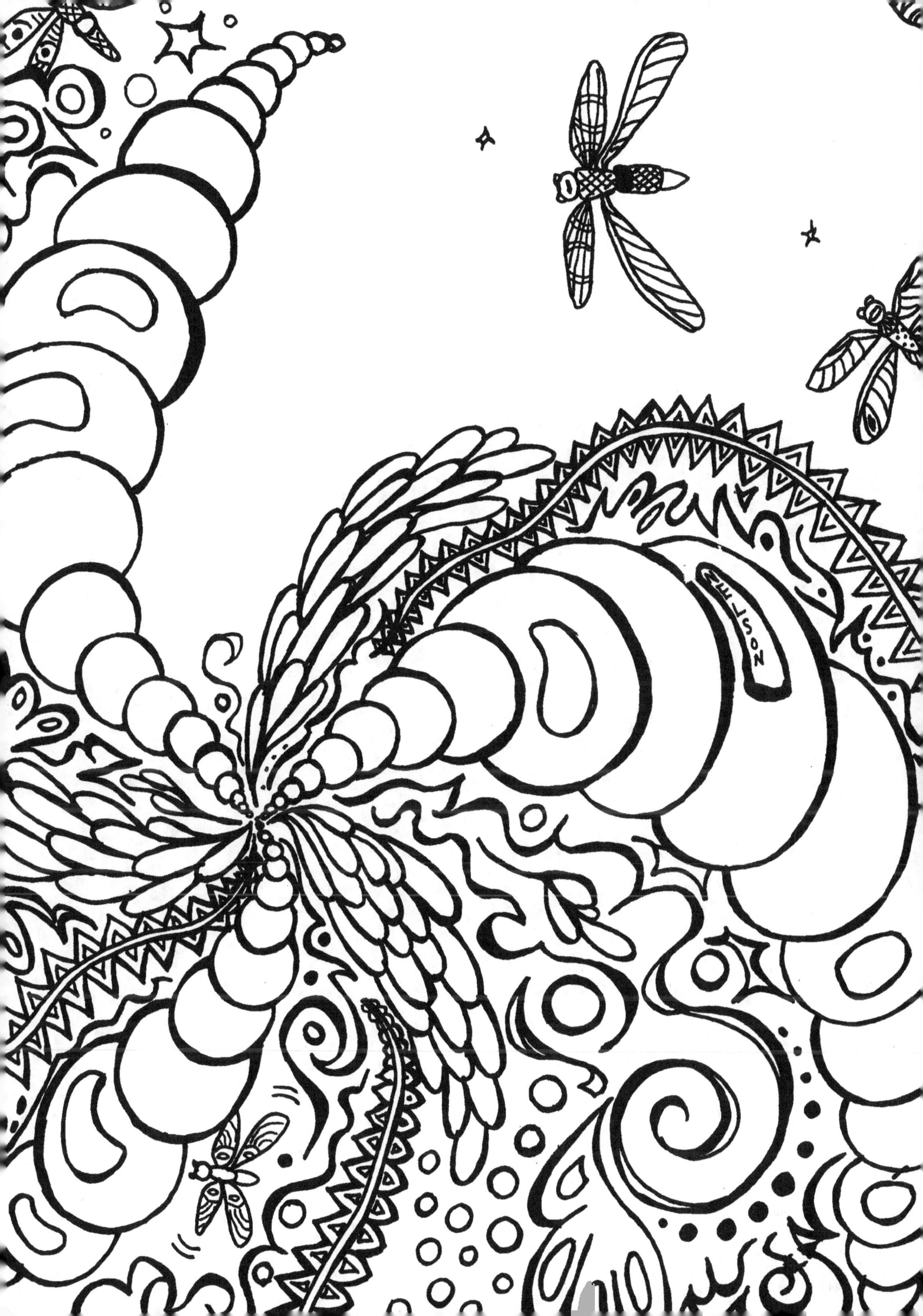
NELSON

www.ingramcontent.com/pod-product-compliance
Lightning Source LLC
Chambersburg PA
CBHW081416170526
45166CB00010B/3361
* 9 7 8 1 5 1 9 5 4 5 2 8 2 *